L

LE
SERGENT ISOLÉ.

IMPRIMERIE DE AUGUSTE AUFFRAY,

PASSAGE DU CAIRE, N° 54.

LE
SERGENT ISOLÉ.

HISTOIRE

D'UN SOLDAT

PENDANT LA CAMPAGNE DE RUSSIE EN 1812.

———◇———

OUVRAGE VENDU AU PROFIT DES POLONAIS.

———◇———

PARIS.

BUREAU DE L'ÉTAT-MAJOR DE LA 6e LÉGION
DE LA GARDE NATIONALE A LA MAIRIE;
CHEZ LES LIBRAIRES DU PALAIS-ROYAL;
ET CHEZ L'AUTEUR,
PASSAGE DE L'ANCRE, RUE SAINT-MARTIN, N° 171.

———

1831.

A M. LE BARON DE GUENEUD,

MARÉCHAL DE CAMP,

*Hommage de respect et
de reconnaissance,*

Son très-humble serviteur

RÉGUINOT,

EX-SERGENT AU 26ᵉ D'INFANTERIE LÉGÈRE.

*

DISCOURS PRÉLIMINAIRE.

———

Mes camarades,

J'ai pris la plume pour vous écrire ces mots : « Nous avons fait la campagne de » Moscou, beaucoup y sont morts, peu en » sont revenus, tous s'y sont couverts de » gloire. Quant à moi, j'y ai cruellement » souffert, mais je me porte bien, et désire

» ardemment que le présent livre vous trouve

» de même. »

C'est ainsi qu'au bon temps, nous autres vieux troupiers, nous commencions nos lettres et nos discours. C'était la rhétorique des camps, l'éloquence du bivouac ou de la caserne, le style unique du brave soldat. Mais tout a changé depuis; ce style si naïf, ce style éminemment caractéristique serait aujourd'hui dédaigné par *Jean-Jean* lui-même. O temps! ô mœurs! et nous appelons notre siècle le siècle des lumières! Eh bien! oui, chers camarades, j'ai moi-même, quoique avec peine, quitté le langage des camps, délaissé la langue maternelle; mais, conservant toute sa franchise, j'ai, en peu de pages, retracé mes *aventures,* comme le dirait un grand, ou, si vous l'aimez mieux, j'ai écrit mes *Mémoires*, comme le dirait un homme de cour, un voltigeur de Louis XIV, ou Vidocq, ou Samson, ou tant d'autres.

Mais ces mémoires, ces aventures sont les vôtres; c'est le tableau fidèle d'une partie de la gloire et des longues souffrances que nous avons partagées sans orgueil et supportées sans plaintes. Mais, que dis-je? nous n'étions pas seuls alors, un peuple de héros, les braves Polonais, combattaient dans nos rangs, ils étaient nos frères et nos compagnons d'armes, il ne fut pour nous aucune victoire dont ils n'eussent leur part, et leurs yeux se mouillèrent à l'aspect des revers de la France. Vous le savez, braves camarades, nos vœux sont impuissans et nos bras enchaînés. Le despotisme du Nord doit-il donc anéantir le sol de la liberté! Verrons-nous, comme le disait Kléber, devons-nous voir de vils esclaves, soldats des tyrans, triompher des soldats de la liberté! Ah! du moins, si nous ne pouvons venger la mort de tant de braves par l'épée dont ils nous ont si souvent secourus, que nos dons, que nos efforts ne leur permettent point d'accuser d'ingratitude, envers eux, la France qu'ils aimaient tant, la France qu'ils considéraient comme une seconde patrie.

J'ai senti combien peu j'étais capable d'écrire, j'ai senti également qu'il n'était réservé qu'à quelques hommes rares d'avoir le droit d'entretenir le public de leur propre personne; mais le désir d'être utile aux Polonais, désir que tous les Français partagent, m'a fait mettre de côté ces diverses considérations, persuadé d'ailleurs, que le but que je me suis proposé disposerait à l'indulgence les lecteurs de l'ouvrage d'un vieux soldat.

J'ai l'honneur d'être,

MES CHERS CAMARADES,

en attendant une seconde édition, que je vous engage à presser,

Votre très-humble serviteur,

RÉGUINOT,

Sergent de la 4ᵉ comp., 3ᵉ bat.,
6ᵉ légion.

LE SERGENT ISOLÉ.

Histoire d'un Soldat

PENDANT LA CAMPAGNE DE RUSSIE EN 1812.

PREMIÈRE PARTIE.

Départ d'Anvers. — Arrivée à Wilna.

En 1811, le 26ᵉ régiment d'infanterie légère, dont je faisais partie, était en garnison à Anvers, lorsque l'ordre arriva d'envoyer au dépôt de Metz les hommes susceptibles de réforme. Je me trouvais un de ceux qui furent désignés comme devant s'y rendre. Mais avant que l'ordre nous eût été donné de partir, nous apprîmes qu'on allait entrer en campagne. Cette nouvelle changea tous mes projets, et me fit désirer de ne point aller au dépôt; car j'étais jeune alors, et j'avais le cœur soldat : il me répugnait de ne pas partager le sort de mes camarades. Éviter leurs dangers, c'était fuir leur gloire. Je le sentis vivement, et ne fus point long-temps indécis sur le parti que j'avais à prendre. Je fus trouver le commandant Barry auquel, par *interim*, le commandement du régiment venait d'être confié. Il me reprocha de n'avoir pas refusé plus tôt d'aller au dépôt, parce qu'alors il aurait pu me faire sergent-major dans la compagnie où j'étais déjà fourrier; mais sur l'observation que je lui fis, que mon refus n'avait d'autre motif que l'entrée en campagne, et que, sans cela, je n'aurais pas hésité un seul instant à me rendre au dépôt, il accueillit ma demande avec bonté, et m'assura de son appui auprès du colonel.

Depuis 1809 j'étais fourrier à la troisième compagnie des voltigeurs, et je partis d'Anvers avec le même grade.

Arrivés à Berlin, nous y restâmes assez long-temps, mais il nous eût été difficile de nous ennuyer, car les exercices remplissaient tous nos instans, et semblaient combler tous nos désirs. Enfin nous reçûmes l'ordre de partir. Les personnes chez lesquelles j'étais logé m'avaient constamment témoigné beaucoup d'intérêt; elles cherchèrent alors à s'opposer à mon départ, mais ce fut en vain. S'étant même aperçues que j'étais inébranlable dans ma résolution, elles me laissèrent agir librement et renoncèrent aux diverses petites ruses qu'elles avaient employées dans le but de m'intimider, telles que celles, par exemple, de me représenter sans cesse les Russes comme des ennemis féroces, ressemblant plus à des sauvages cannibales qu'à des soldats européens. Néanmoins l'instant du départ arriva, et mes hôtes m'accompagnèrent jusqu'au lieu du rassemblement.

Nous sommes en route maintenant. C'est là qu'un sort différent du passé m'attend, comme pour me montrer jusqu'à quel point le malheur peut accabler l'homme avant que son énergie ne l'abandonne entièrement, avant qu'il ne succombe. Mais n'anticipons point sur les évenemens; un soldat est peu propre aux réflexions de la philosophie, et ceux de mes lecteurs qu'elles amusent pourront en faire très à leur aise.

Arrivés à quelques lieues du Niémen, l'Empereur nous passa en revue. Le capitaine Paon, commandant la compagnie, passa aux carabiniers, et le capitaine de la quatrième du deuxième bataillon me demanda comme sergent-major dans cette compagnie. Je ne fus cependant que sergent faisant fonctions de sergent-major. Il m'en coûtait beaucoup de quitter les voltigeurs, avec lesquels j'étais depuis 1809, car j'avais, avec l'estime de mes chefs, la confiance et l'amitié de mes camarades. Je revins donc à la compagnie me plaindre au capitaine de n'être que sergent. Il me rappela comme sergent aux voltigeurs, en remplacement du nommé Dufournet, qui passait sous-lieutenant.

Après la revue, nous allâmes sur le soir prendre nos logemens. Nous nous trouvions chez un paysan qui vendait ou plutôt qui donnait ses marchandises.

Plusieurs grenadiers de la garde y vinrent et demandèrent à boire. Ce malheureux paysan ayant affaire à trop de monde, ne savait auquel entendre, lorsqu'un scélérat, revêtu de l'uniforme de sous-officier de la jeune garde, tira son épée et la lui plongea dans le côté. L'horreur et l'indignation qu'inspira cet acte de férocité se peignirent immédiatement sur la figure des grenadiers présens à cette scène. Le misérable s'en aperçut et s'enfuit aussitôt jugeant que, s'il se laissait atteindre, il recevrait la juste punition de sa barbarie. Touché des souffrances de ce bon paysan, je m'en approchai et suçai sa blessure.

Nous avions à peine terminé son pansement, que nous entendîmes le rappel, et qu'il fallut nous mettre en marche. Parvenus au Niémen, nous passâmes ce fleuve sur trois ponts. Notre régiment particulièrement reçut l'ordre de traverser Kowno, et de prendre position de l'autre côté sur la rive de la Wilia. L'ennemi, en battant en retraite, avait brûlé un pont qui devait servir de passage aux troupes. Il nous fut enjoint de le rétablir, et en quelques heures tout était terminé. On avait demandé des hommes de bonne volonté pour aller jusqu'à un village situé de l'autre côté. Le capitaine baron Guillot et moi traversâmes le fleuve à la nage et, rendus sur l'autre rive, nous ramenâmes deux juifs pour leur faire sonder la rivière dans le but de savoir si notre cavalerie pouvait la passer à gué.

A peine étions-nous de retour, et pendant que je m'habillais pour me reposer, car j'étais déjà très fatigué, nous vîmes venir un escadron de lanciers et distinguâmes l'Empereur au bout du pont. Je m'empressai d'ôter encore une fois mes habits, et je me préparai à voler au secours des nouvelles victimes dans le cas où, comme je le pensais, il viendrait à s'en présenter. Bientôt en effet, un lancier et son cheval furent entraînés par le courant. Je m'élançai de suite dans le fleuve; lorsqu'à peine revenu sur l'eau, j'entendis ces cris : « *Sauvez le colonel! Sauvez le colonel!* » et je reconnus aussitôt notre brave colonel, le baron de Guéneud, qui n'écoutant que son courage, s'était précipité dans le fleuve pour secourir le lancier. Je me dirigeai vers lui, et le saisissant d'une main ferme par les aiguilettes, car il était en grande tenue d'aide-de-camp de l'Empereur, de l'autre j'atteignis un radeau, et je parvins à le sauver. Nous arrivions, lorsqu'un caporal de carabiniers qui se trouvait sur ce radeau tendit la main au colonel qui, sans doute, n'était plus en danger. Ses vêtemens mouillés et ses bottes remplies d'eau l'empêchèrent de voler encore au secours des autres, qui heureusement furent sauvés à temps. Étant encore sur le radeau, le colonel entouré de nombreux officiers de l'état-major et du génie, qui lui faisaient amicalement des reproches sur le zèle trop ardent dont il venait de donner l'exemple, m'intima l'ordre d'aller trouver son domestique qui était au bout du pont et de lui demander sa bouteille. De retour près de lui, je la lui présentai, et ce fut alors qu'il me dit avec l'accent de la plus grande bonté : « Tiens, bois un coup, tu en as aussi besoin que moi. » Cela était vrai, la fatigue jointe à l'émotion que j'éprouvai en le voyant en danger m'avaient encore affaibli.

Dans ce moment le lancier et son cheval furent sauvés. Le lancier remonta vivement sur son cheval, passa devant Sa Majesté, et cria : *Vive l'Empereur!* On récompensa le brave qui l'avait sauvé et ceux qui s'étaient distingués comme travailleurs. Je revins à terre et rejoignis la compagnie. Le capitaine Paon, voulant reconnaître l'ardeur que j'avais mise aux travaux, et le bonheur que j'avais eu de sauver le colonel me conduisit devant l'Empereur. Lorsque nous arrivâmes auprès de Sa Majesté, elle montait à cheval et partit avant qu'on eût le temps de lui parler.

A ce moment, le capitaine Paon me dit : « Sergent, il y a là-bas un bateau qui brûle, mais il pourrait encore servir à passer des hommes, il faut aller le chercher. » N'écoutant que mon courage, je partis avec lui; mais, épuisé de fatigue, je me trouvai mal après quelques minutes de marche. Ranimé de nouveau par mon ex-capitaine, je revins à moi et nous fûmes chercher le bateau. Je me jetai à la nage et j'approchai du bord à l'aide de planches que je trouvai dans le bateau. Le capitaine monta dedans, et nous descendîmes ainsi, avec notre frêle embarcation, jusqu'au régiment, dont plusieurs compagnies avaient déjà passé le fleuve.

Notre bateau aida au passage du reste. Ayant repris mes vêtemens, je traversai de l'autre côté et je fus rejoindre la compagnie, où l'on s'était empressé de me préparer du vin chaud et sucré, ce qui ne tarda pas à me remettre de la fatigue que j'éprouvais.

Nous passâmes la nuit au bivouac et, le lendemain, nous nous remîmes en route vers l'ennemi, qui n'attendit point notre arrivée pour opérer un mouvement rétrograde. Nous prîmes une fausse direction, puis ensuite nous revînmes prendre une autre route. A la halte du régiment, le colonel me fit appeler, ainsi que le caporal qui avait eu l'honneur de lui tendre la main pour l'aider à monter sur le radeau. On nous demanda combien il y avait de temps que nous étions au service ; je répondis qu'il y avait quatre ans et demi, et le caporal dit qu'il servait depuis huit ans. Il fut arrêté qu'il recevrait la croix. Je retournai vers la compagnie, le cœur, à dire vrai, bien peiné de n'avoir pas eu plus d'années de service, mais me promettant intérieurement de ne pas laisser échapper la première occasion de me montrer digne d'obtenir cette croix, vœu de tous les Français, et que je croyais avoir en quelque sorte méritée.

Après quelques jours de marche, comme nous

passions devant un lac, le colonel fit faire halte au régiment, et donna exemple aux nageurs. Il me fut alors facile de voir qu'il nageait fort bien, et que, s'il avait couru quelques dangers antérieurement, ses habillemens seuls en avaient pu être cause.

Dans ce moment, le cri *aux armes* se fit entendre, et nous sortîmes précipitamment du lac ; mais nous ne tardâmes guère à connaître que la cause de ces cris était l'arrivée de Murat avec son escorte.

Nous arrivâmes à Dunabourg ; là, nous eûmes l'avantage de nous signaler. Les hommes du régiment se montrèrent d'une rare valeur. Notre compagnie et la quatrième furent désignées par le sort pour aller s'embusquer dans un bois tout près de la ville, dans le but de surveiller les mouvemens de la garnison de la place. Nous restâmes toute la nuit dans cette position, et le lendemain les compagnies furent rappelées.

Aucune distribution n'ayant été faite, et nos sacs de farine se trouvant vides, le capitaine me chargea d'aller avec douze voltigeurs faire des provisions, ce qui me contraignit à m'éloigner d'une lieue environ de l'armée. Étant entré dans un village, j'y trouvai peu de paysans, et les ayant sommés de nous donner du pain, ils nous répondirent qu'il n'y en avait point; mais ils nous donnèrent du grain et des moulins à bras pour le moudre. Mes voltigeurs se mirent au travail, et bientôt plus de cinquante moulins marchèrent avec activité. Je fis chauffer un four, je mis les femmes en réquisition pour faire la pâte, et en peu de temps, j'avais, à l'aide de mes camarades, confectionné soixante pains de trois livres environ chacun.

Les paysans étaient allés nous chercher un mouton dans la forêt. Nous le fîmes cuire. Après en avoir envoyé les gigots et une partie à la compagnie, nous étions en train de manger le reste, quand un paysan vint nous avertir que les Cosaques étaient sur la lisière de la forêt, et que, sans doute, ils allaient entrer dans le village. Je marchais pour m'en assurer, quand j'entendis un coup de fusil tiré par un voltigeur que j'avais mis en embuscade. Je donnai de suite aux paysans l'ordre d'amener deux traîneaux. Ils s'empressèrent d'obéir; nous les chargeâmes de vivres, et nous nous rangeâmes en tirailleurs pour défendre nos provisions. Aucun des paysans ne voulut nous servir de guide.

A ce moment, je vis revenir le voltigeur que j'avais chargé de porter au capitaine les gigots de notre mouton. Il m'apportait l'ordre de battre en

retraite au plus vite. Le voltigeur s'étant aperçu
que notre retraite ne pouvait s'effectuer par la
route que nous avions suivie d'abord, nous nous
trouvâmes contraints d'en prendre une autre. Je
rendis responsable de tout le paysan qui fut
chargé de nous conduire et auquel appartenaient les
traîneaux. Il nous fit remonter six lieues plus loin.

La nuit arriva et le convoi de vivres que nous
dirigions s'était augmenté par les soins d'autres
pourvoyeurs de différens régimens. Nous étions
nous-mêmes au nombre de cent vingt hommes. Il
nous fallut bivouaquer dans le bois, où nous jugeâmes convenable d'établir nos avant-postes.

A la pointe du jour nous nous remîmes en marche. Nous étions à peine entrés sur la grande route,
que nous aperçûmes un détachement. Nous fûmes
le reconnaître. C'était l'avant-garde du convoi des
blessés des régimens qui s'étaient battus là veille.
Nous reçûmes l'ordre de donner nos vivres pour
les blessés, et nous ne pûmes garder qu'un pain
pour chacun de nous. Le commandant du convoi,
au moment de nous quitter, nous engagea à chan-
ger de route, parce que celle que nous suivions
était souvent parcourue par des Cosaques. Nous ne
tardâmes pas à voir qu'il nous avait dit vrai, car

à peine avions-nous fait une lieue que nous fûmes obligés, pour les éviter, de nous enfoncer dans le bois et de tirailler.

En traversant ce bois à tout hasard, nous rejoignîmes l'arrière-garde française en retraite. Au bout de quelque temps, d'autres tirailleurs nous remplacèrent, et nous arrivâmes au régiment. Le capitaine de notre compagnie et les voltigeurs furent désappointés en nous voyant les mains vides; mais je donnai un reçu du commandant du convoi, ce qui ne satisfaisait pas l'appétit général. Cependant nous avions eu douze pains, que nous donnâmes pour les officiers et les voltigeurs.

Nous marchâmes sur Poloski; nous arrivâmes le soir, et nous bivouaquâmes au bord de la Dwina. Le lendemain, ayant établi des pontons, nous la passâmes, et nous entrâmes dans Poloski, que nous traversâmes. Ensuite, allant en avant, après avoir établi nos bivouacs, nous fûmes chercher des vivres, et de là, nous partîmes pour nous porter sur Jacobowo, château situé à douze lieues de Poloski. Nous bivouaquâmes la veille près d'une petite rivière, et nous fîmes une marche forcée pour y arriver le lendemain 30 juillet. On établit des ponts et la division se porta en avant. Arrivés là, nous

trouvâmes pour la première fois les Russes disposés à se défendre. Les voltigeurs étaient près du
château. On fit faire à quelques-uns des battues
dans le bois, tandis que d'autres étaient restés
au bivouac pour faire la soupe; mais les Russes ne
nous laissèrent pas le temps de la manger : une
grèle de biscayens et d'obus enlevèrent nos mar-
mites. On nous donna l'ordre de nous former en
tirailleurs. Nous exécutâmes ce mouvement avec la
rapidité de l'éclair, et nous fîmes bientôt reculer les
tirailleurs russes. Étant très-avancé dans le bois, je
m'y trouvai engagé avec les deux voltigeurs Botifier
et Gien, tous les autres s'étant repliés, ainsi que me
le fit observer l'un de ces voltigeurs. J'étais à ma
dernière cartouche, et les Russes voyant que le feu
n'était plus nourri, chargèrent sur nous. Nous vou-
lûmes opérer notre retraite, mais en arrivant sur la
lisière du bois, nous aperçûmes une autre ligne qui
venait de remplacer celle que nous avions forcée
à battre en retraite. A notre approche, ils crièrent
houra! Il fallut céder au nombre et à l'impossibilité
de nous défendre, et nous nous rendîmes prisonniers à ceux que nous avions battus et fait fuir un
instant auparavant. Ils s'emparèrent aussitôt de nos
fusils et de nos sacs : le mien n'était pas des plus

garnis, il n'y avait de bon qu'un pantalon qui était en dessus, et l'intérieur ne contenait que la comptabilité de la compagnie. Les Russes, peu satisfaits d'une semblable capture, voulurent s'en venger en me fusillant. Heureusement l'un d'eux s'y opposa. Je ne sais quel empire il pouvait avoir sur les autres, mais il fut obéi. On nous conduisit dans le bois, où les Russes s'étant mis en devoir de se partager le butin qu'ils avaient trouvé dans nos sacs, je profitai, nous trouvant sur une route où plusieurs allées se croisaient, d'un moment qui me parut favorable, et fis signe aux voltigeurs que nous pouvions nous sauver. Ils me comprirent, et à l'instant même nous échappâmes à nos conducteurs. Malheureusement l'un de nous fut rattrapé, et cela nous valut de la part de l'ennemi une forte décharge, mais qui ne nous fit aucun mal. Le voltigeur Botifier, qu'ils avaient repris, fut victime de leur rage. Je crois encore entendre ses cris et les mots qu'il prononçait : « *Sergent, Sergent*, à mon secours ! » Nous nous arrêtâmes, mais sans armes et deux contre dix au moins et bien armés, qu'eussions-nous pu faire ? Notre parti fut bientôt pris : nous continuâmes d'errer dans la forêt. De temps en temps nous écoutions, la tête appuyée contre terre, pour nous diriger vers le bruit du canon dans l'espoir de rencontrer les Français.

A la brune nous parvînmes à rejoindre notre régiment, le feu commençait à se ralentir beaucoup. Nous trouvâmes la compagnie réduite des deux tiers, tant était grand le nombre des morts et des blessés. Il n'y restait plus qu'un seul officier, c'était M. Girot, sous-lieutenant et chevalier de la Légion - d'Honneur. Nous restâmes en repos près du château : là, je fus chercher un bidon de schnap, et je remplis les gourdes des voltigeurs qui étaient endormis. L'adjudant-major Dornier étant venu à la compagnie requérir des hommes pour aller chercher des cartouches, j'y fus avec plusieurs voltigeurs. A notre retour, nous les distribuâmes, et, quelques instans après, le jour commençant à paraître, notre brave colonel vint nous donner avis que les Russes s'étaient emparés du château et qu'il fallait le reprendre à la baïonnette, aux cris de vive l'Empereur; et, là, à pied, il se mit aussitôt à notre tête, et n'ayant qu'une cravache à la main, il nous donna l'exemple.

Le troisième bataillon, dont je faisais partie, passa sous la voûte, sur les cadavres des Russes. Étant parvenus de l'autre côté nous fûmes nous

ranger en bataille, et tout ce qui se présentait de
Russes était criblé par nos balles. Nous avançâmes
ensuite pour nous emparer de leurs batteries qui
étaient placées sur la lisière du bois, et ce fut alors
que je fus atteint par un morceau de mitraille et
blessé à la jambe gauche. Dans l'ardeur du combat
je me sentis frappé comme d'un fort coup de pied,
et n'en continuai pas moins de me battre. Cependant le sang qui sortait de mon soulier me fit connaître que ma blessure pouvait avoir quelque gravité. Au même instant, un voltigeur fut renversé
à côté de moi en poussant des cris affreux. Je le
relevai, mais ne lui voyant aucune blessure, je pensai que ses cris étaient dus à la douleur que lui
avait causé une contusion à l'oreille. Nous fûmes
forcés de nous retirer, et le désordre se mit dans
le quatrième bataillon, dont le commandant venait d'être blessé. Néanmoins, nous étant ralliés au
nombre d'environ deux cents hommes, nous marchâmes en avant. Ma blessure me faisait éprouver
de grandes douleurs, et me contraignit à me diriger
vers l'ambulance, où je ne parvins qu'avec peine,
et soutenu par le voltigeur qui avait été frappé à
l'oreille. Dès que je fus arrivé, on me fit une inci-
sion et l'on me pansa. Le voltigeur qui venait de

me conduire, présent dans l'ambulance, me releva, et comme je ne pouvais pas me soutenir, il fut obligé de me transporter au dehors. Il venait de trouver un cheval, sur lequel il me plaça, et tout semblait aller pour le mieux, lorsqu'à peine en route, je vis l'ambulance devenir, en un instant, la proie des flammes.

Je suivis les bagages et l'artillerie qui battaient en retraite, ayant soin toutefois de me tenir sur le côté de la route, qui était encombrée, et sur laquelle je n'aurais pu que gêner. Un soldat du train, me prenant peut-être pour un fugitif, me donna un coup de fouet qui me renversa de cheval et me fit tomber dans un ravin. Les douleurs que j'éprouvais ne peuvent s'exprimer, quand, par un bonheur inesperé, un chirurgien vint à passer. Il me pansa de nouveau, et je fus un peu soulagé. On me remit à cheval, et je continuai ma route au milieu de l'encombrement. Je marchais non loin du maréchal Oudinot et de son aide-de-camp. Son Excellence donna ordre que l'on me fît passer sur le pont; mais voyant que l'artillerie serait trop long-temps à le traverser, je fis entrer mon cheval dans l'eau et passai ainsi la rivière, qui n'est pas très profonde, mais qui est fort rapide. Arrivé de l'autre

côté je m'arrêtai un instant, et cédant à un mouvement de curiosité, je regardai les troupes qui se
masquaient pour effectuer l'ordre que leur avait
donné le maréchal de ne pas faire feu, mais de
charger, la baïonnette en avant, aux cris de vive
l'Empereur. Cet ordre ayant été exécuté, l'ennemi
fut culbuté et mis en pleine déroute.

Comme mes souffrances redoublaient, et que
les boulets nous arrivaient de tous côtés, je me
retirai avec les autres blessés. Nous arrivâmes le
jour suivant à Poloski, et mon cheval fut pris pour
être employé de suite.

Je passai la nuit dans l'ambulance établie à
Poloski. Le lendemain on fit circuler le bruit que
les Cosaques étaient dans la ville, et qu'ils allaient
y mettre le feu; mais que ceux d'entre nous qui
pourraient traverser le pont seraient plus en sûreté, parce que la troisième division se trouvait de
l'autre côté. Je me décidai à prendre ce parti,
malgré la peine que je devais avoir avant d'y parvenir, puisque je ne pouvais marcher, et que, me
soutenant seulement avec un bâton, j'étais forcé
de sauter constamment sur le pied droit.

Lorsque je fus arrivé au pont, j'y rencontrai deux
soldats montés sur un mauvais cheval abandonné

par l'artillerie, et qui venaient, comme moi, pour le traverser. Les gendarmes placés à la tête du pont les firent descendre pour s'assurer s'ils étaient blessés, et n'ayant reconnu en eux que des fuyards, ils les firent rétrograder et me placèrent sur le cheval, que ces militaires se virent forcés de m'abandonner. Je traversai donc ainsi de l'autre côté, où je trouvai la troisième division et les bagages du régiment. Je priai un chasseur d'aller près de M. Vernier, officier payeur, pour lui réclamer, de ma part, une petite montre en or que je lui avais donnée à garder, et qu'il me fit remettre.

Je continuai ma route avec beaucoup d'autres se rendant, comme moi, à la première ambulance. Nous marchâmes deux jours, pendant lesquels je restai à cheval, mais constamment derrière les autres, parce que mon cheval pouvait à peine marcher, et que, de mon côté, je n'avais pas la force de le conduire. Par suite de la difficulté que j'éprouvais à suivre les autres, je me trouvai souvent seul dans la forêt, et ce fut dans un pareil moment que je vis passer le commandant Barry. Il venait d'être atteint par un biscayen, et expira au plus proche village. Ce fut une grande perte, et que je dus ressentir plus que tout autre, car ce brave officier m'honorait de son estime, et m'en avait maintes fois donné la preuve.

J'arrivai dans une petite ville, où mon premier soin fut de faire panser ma blessure, qui ne l'avait point été depuis quatre jours, et qui se trouvait en fort mauvais état. Après le pansement, on nous distribua du pain, dont il y avait plusieurs jours que je n'avais mangé. Cela fait, je me remis immédiatement en route, un chasseur ayant pris soin de mon cheval. Il est bon de rapporter qu'avec ce chasseur, qui avait le bras fracturé, nous avions fait, dans le but de nous secourir mutuellement, un arrangement que voici. Comme il pouvait marcher, il suivait le détachement, et lorsque les distributions se faisaient, il prenait pour nous deux ce qui pouvait nous revenir, et allait, comme les autres, à la maraude aux choux et aux pommes de terre, tandis que, de mon côté, ayant l'usage de mes bras, je préparais et faisais cuire ce qu'il avait apporté.

Le cinquième jour je partis avec le convoi des blessés, mais mon cheval ne pouvant suivre le détachement, je ne pus jamais le rejoindre. — Poussé par la soif, mon cheval se dirigea vers un fort ruisseau dont le courant était rapide et auquel il ne

pouvait arriver qu'après avoir descendu une espèce de talus. N'ayant pu prendre à temps toutes
mes précautions, je tombai de cheval, et content,
sans doute, d'être débarrassé de son fardeau, l'a-
nimal partit pâturer dans un champ voisin. J'étais
dans cette position à la fois triste et risible, attendant qu'il vînt à passer quelqu'un, lorsqu'au bout
de quelque temps je vis venir un voltigeur de ma
compagnie. Je l'appelai : mais quelle fut ma surprise en le voyant s'éloigner. Je crus qu'il ne m'a-
vait pas entendu et l'appelai de nouveau ; mais il
me répondit qu'il était poursuivi par des Cosaques,
et continua sa route, me laissant convaincu qu'il
était, comme je le savais déjà, le plus mauvais et
le plus lâche soldat du régiment. Quelque temps
après, d'autres chasseurs ou voltigeurs passèrent,
et s'empressèrent de me ramener mon cheval et de
me replacer dessus.

Isolé de nouveau, j'entrai dans une autre forêt.
Il fallait y faire six lieues pour la traverser, mais
ce qui me consolait était que mon cheval venant
de prendre de la nourriture et du repos, je devais
compter sur lui. En entrant dans cette forêt je fis
rencontre d'un brigadier du train d'artillerie, qui
me dit : « Sergent, ne vous exposez pas, je vous

conseille de rétrograder, car les Cosaques viennent, à deux lieues d'ici, d'attaquer le convoi des blessés. » Je le remerciai de son avis, en lui disant que j'étais résolu à traverser cette forêt. Ce brave camarade, avant de me quitter, me fit boire une goutte de schnap, qui me rendit un peu de vigueur. Je frappai mon cheval d'une petite baguette et nous partîmes. Le schnap que je venais de boire m'avait sans doute mis un peu en belle humeur, et je chantai dans la forêt, que je traversai seul et sans mauvaise aventure. Arrivé au village où nous devions loger, j'y retrouvai le chasseur et le détachement. Chacun s'empressa de me secourir : on me plaça, avec mon cheval, dans une grange, où l'on m'apporta bientôt du pain, des pommes de terre et du schnap. Le plus somptueux repas ne m'eût pas fait plus de plaisir, car depuis trois jours je n'avais pas mangé une demi-livre de pain. Tous les sous-officiers et soldats blessés du régiment qui se trouvaient dans ce village vinrent me rendre visite. Ils avaient été péniblement affectés en apprenant, par ceux qui m'avaient replacé à cheval, la conduite infâme du voltigeur envers moi.

Le lendemain les blessés se remirent en route, et je fus encore contraint de rester en arrière.

Je n'étais pas tranquille : ma blessure, qui me faisait horriblement souffrir, m'inspirait beaucoup de crainte. C'était le septième ou huitième jour que nous étions en marche, sans savoir où nous devions nous rendre. Quand viendra, me disais-je, quand viendra le moment où je ne souffrirai plus ? J'étais loin de prévoir cependant que le temps après lequel j'aspirais était encore bien éloigné. Mes douleurs n'étaient pas supportables ; je me sentais mourir : la chaleur augmentant chaque jour ajoutait encore à mes maux, et j'étais hors d'état de me panser, puisque je n'avais, avec moi, rien de ce qu'il me fallait pour le faire. Dans cet état, j'aperçus un château assez semblable à nos maisons de campagne. Me joignant alors à quelques militaires blessés qui arrivaient nous prîmes, d'un commun accord, la résolution d'aller jusque-là. Tous y parvinrent avant moi, mais bientôt je les vis revenir. Il y avait dans ce château un général, notre allié cependant, qui s'y était installé avec environ cinquante Bavarois ou Badois. Ne pouvant plus supporter les souffrances auxquelles j'étais en proie, je résolus de m'y rendre. A peine étais-je arrivé que je vis paraître à la fenêtre du rez-de-chaussée deux demoiselles, qui me semblèrent trouver dans mes souffrances et, surtout, dans la grotesque figure que je faisais sur mon grand cheval un motif d'hilarité. Je ne parus pas m'en offenser, et je me hasardai même à leur demander un peu de linge pour me panser. Le général parut alors à la croisée, et me donna l'ordre de partir sur-le-champ. Ne pouvant lui obéir, je me laissai tomber de cheval, en lui disant : « Vous aurez le cruel plaisir de me voir mourir sous vos yeux. » Pour toute réponse, il donna l'ordre à sa troupe de s'emparer de moi et d'aller me fusiller plus loin. Inspiré par le désespoir, je lui dis quelques paroles assez désagréables. Cependant les Bavarois s'étaient emparés de moi : ils me portèrent plus loin ; mais là, ils me mirent sur mon cheval, et m'engagèrent à continuer ma route et à ne pas les obliger, par un refus, à mettre à exécution un ordre qu'il répugnerait à leur cœur de ne pouvoir enfreindre. Je suivis leur conseil, et repris ma route.

J'avais oublié de dire qu'en me laissant tomber de cheval, j'avais découvert aux yeux du général ma jambe blessée, quand en la regardant moi-même, je vis sortir un ver de dessous les bandes. J'en fus si si chagriné, que les larmes m'en vinrent aux yeux.

Regagnant le chemin par où j'étais venu, je me

trouvai dans la forêt, livré aux plus sombres réflexions, dévoré par une soif ardente, ne pouvant
me désaltérer ni descendre de cheval, sans le secours de mes camarades, dont pas un n'était près
de moi. Je marchai fort avant dans la nuit, mon
cheval avait de meilleurs yeux que les miens, c'é-
tait lui qui me conduisait, et j'arrivai enfin à la
sortie de la forêt. Je découvris une maison et
m'y arrêtai, mais personne ne voulait ou ne pouvait me donner asile, on m'envoyait à l'hôpital
qu'on avait établi dans une église, mais j'avais déjà
laissé derrière moi le chemin de traverse qui y
conduisait. Un soldat qui, comme moi, venait
d'arriver me fit loger avec lui; mon cheval resta
dans la cour, et l'on m'assura qu'on lui avait donné
de la paille. Nous étions placés sous un hangar
avec plusieurs soldats qui s'y trouvaient endormis.
Nous ne demandâmes rien. Le soldat qui m'avait
procuré le logement avait un peu de pain et du
schnap; il m'en fit l'offre, que j'acceptai avec d'autant plus de plaisir que je n'aurais point osé lui en
demander, car après le refus que j'avais essuyé de
la part du voltigeur et la barbarie dont le général
avait fait preuve envers moi, je croyais ne pouvoir plus inspirer aucune pitié.

Je passai ainsi la nuit en proie à d'horribles souffrances; car outre celles qui provenaient de mes blessures, le flux de sang dont j'étais atteint, ne me laissait aucun repos. Malgré tout, il fallut partir le lendemain matin, et l'on me remit à cheval en m'indiquant le chemin qui conduisait à l'hôpital qui, comme je l'ai déjà dit, était une église. Au bout d'une marche fort pénible, j'aperçus enfin le clocher, et, à son aspect, mon cœur fut plein de l'idée consolante d'un soulagement prochain. Étant arrivé à la route qui y conduisait, je trouvai un lac sur la gauche, où mon cheval altéré me conduisit de lui-même. Me défiant cette fois du malheur qui m'était déjà arrivé, je pris des précautions, mais en vain; je fis encore la culbute, et mon cheval m'abandonnant, fut se cantonner dans une pièce d'avoine. Comme il m'était impossible de poser le pied gauche à terre, je fus, en sautant sur une seule jambe, me placer sur le bord du chemin. Un quart d'heure se passa sans que je visse personne sur la route; enfin j'aperçus une cariole, et je me crus sauvé. A mesure qu'elle approchait, je distinguai qu'elle contenait deux personnes, dont un juif, auquel je fis signe, en l'engageant à venir à mon secours. Mais ce scélérat conçut, au contraire, l'horrible dessein de me faire passer sa voiture sur le corps, et la dirigea de manière à ce qu'il me fût impossible d'éviter le sort qu'il me réservait; mais, par un miracle, je fis un mouvement qui me plaça entre le cheval et la roue, et la voiture passa rapidement sans m'atteindre. Un paysan qui travaillait à la terre, témoin de cet acte de barbarie, s'élance aussitôt au-devant du cheval, arrête la voiture, combat mes lâches assassins, et revient ensuite vers moi. Je craignais, malgré sa bonne action, qu'il ne se présentât point tout-à-fait en ami. Il s'aperçut de ma défiance et me rassura par des paroles pleines de bonté. Il fut chercher mon cheval et me replaça dessus. Je le remerciai, et continuai ma route sur l'église, où étant arrivé, je fus descendu de cheval et transporté au bureau qui était en face. Quelles furent ma surprise et mon indignation en y reconnaissant cet infâme juif qui venait réclamer des bons de fourniture de linge. Indigné à l'aspect de ce monstre, je portai la main à mon sabre et me précipitai sur lui. L'impossibilité dans laquelle je me trouvai de pouvoir me venger ne l'empêcha pas d'avoir plus de peur qu'il ne m'en inspira lui-même, lorsqu'il chercha à m'écraser sous sa voiture, car je ne pouvais croire à tant de cruauté. Il jeta des cris horribles ; on aurait dit que je l'avais mortellement blessé. Alors on s'empara de moi en me menaçant ; car il ne m'avait pas été possible de faire, sur le moment, le récit de sa conduite envers moi ; je le fis, mais il était déjà parti.

J'étais placé sur un banc en face le bureau, qui était occupé par des tirailleurs de la garde, tous jeunes gens et bien dispos. Ces messieurs étaient en train de faire un repas qu'ils prolongèrent sans égard à la situation dans laquelle je me trouvais. Mes souffrances s'étaient accrues, je ne pouvais plus y tenir ; le désespoir et la douleur me contraignirent à les apostropher durement, et je leur présentai mon sabre en les engageant à mettre un terme à mes maux. Enfin, après quelques délais, ils finirent par me délivrer un billet d'entrée. En sortant du bureau, j'eus la douleur de voir à la porte de l'hôpital mon malheureux cheval étendu mort. Je lui fis de tristes adieux. On me plaça dans une espèce d'écurie où se trouvait une foule de blessés. Je me jetai sur la paille, mais je ne pus obtenir la visite d'aucun chirurgien.

Le même jour on fit une distribution de la demi-portion de pain, que je reçus comme les autres. Il y avait long-temps que je n'en avais vu d'aussi blanc. Le lendemain matin on vint passer la visite, et l'ordre fut donné de me transporter dans l'église. Là, je fus pansé, et ma blessure nettoyée des vers qui la dévoraient. A la suite de ce pansement je devins très-faible. Je m'aperçus aussi que les chirurgiens n'étaient point d'accord entre eux, et qu'il était fortement question de m'amputer la jambe. Ils se décidèrent enfin, et vinrent m'assurer que, pour me sauver, il était urgent de me faire l'amputation, attendu que la gangrène faisait chaque jour de grands progrès. Je les priai d'attendre encore un peu et d'essayer auparavant s'il n'y aurait pas d'autre moyen de me sauver, assurant que, si dans quelques jours il n'y avait pas de mieux, je me résignerais. Ils ajournèrent au lendemain et, en attendant, ils couvrirent ma plaie d'un cataplasme, après l'avoir lavée avec de l'eau de guimauve. Je me sentais beaucoup mieux et je m'endormis. Tout à coup un besoin me réveilla, et, pour le satisfaire, il fallait descendre sept à huit marches ; et par malheur, en sautant avec mon bâton, je tombai et roulai jusqu'en bas. Je n'avais pas encore éprouvé une douleur aussi forte. On me remonta sur la paille, où je me trouvai mal.

On fut chercher le chirurgien de garde, qui de suite pansa de nouveau ma blessure qui avait saigné. Il supprima les herbes émollientes dont elle était couverte. Revenu à moi, je ne me souvins en rien de ce qui m'était arrivé, excepté cependant de ma chute. Je passai la nuit tranquillement. Le lendemain je me sentis soulagé, et l'on me donna des béquilles; malgré cela, mes forces diminuaient de jour en jour.

Au bout de huit à dix jours nous fûmes évacués en traîneaux sur Wilna. Nous restâmes plusieurs jours en route, obligés de bivouaquer la nuit; ce qui ne convenait guère à des blessés; mais pour notre sûreté personnelle nous étions forcés d'en agir ainsi.

DEUXIÈME PARTIE.

Entrée à Wilna. — Retour en France.

Arrivé à Wilna, je fus dirigé sur un hôpital ou se trouvaient renfermés des fiévreux et des blessés. Peu de temps après, un couvent fut choisi pour servir de retraite aux blessés, et j'y fus conduit avec les autres. Les sous-officiers, dont je faisais partie, furent placés à part dans une salle où tous les soins leur furent prodigués, tant de la part des administrateurs, que de celle des sœurs elles-mêmes, qui faisaient les pansemens jusqu'à deux fois par jour. Je m'y trouvai avec mon ex-sergent-major et ami Drabot, qui était adjudant et membre de la Légion-d'Honneur. Nous étions partis ensemble du dépôt de Metz pour aller rejoindre les bataillons de guerre en 1809, lors de la campagne d'Autriche, lui sergent et moi fourrier. Cette circonstance nous lia encore plus étroitement. Un coup de feu l'avait atteint à la rotule, et j'augurai mal de sa blessure. Mon lit était en face du sien et, à tout moment, il m'appelait près de lui, et me disait : « S'il faut que je meure de ma blessure, tu prendras ma croix, et si tu as le bonheur de rentrer à Paris, tu la remettras à ma famille. » Souvent aussi il m'entretenait d'une sœur qu'il chérissait beaucoup. A quelque temps de là, mon malheureux ami succomba. Je n'étais pas très-bien, cependant je lui fis rendre les derniers devoirs, m'étant, pour cela, réuni aux sous-officiers du régiment qui se trouvaient disponibles à l'hôpital. Un adjudant-sous-officier, présent aux derniers momens de Drabot, s'attira le mépris de toute la salle en s'emparant du peu d'argent qu'il possédait avant de mourir, et surtout en se dispensant d'assister à ses funérailles, et par le vil emploi qu'il fit de ce qu'il avait ainsi détourné. Il reçut bientôt le prix que méritait une semblable conduite, car, à la suite d'une débauche, il rentra malade à l'hôpital et mourut quelques jours après. Quant à la croix de Drabot, il ne m'a jamais été possible de savoir ce qu'elle était devenue.

Ma blessure allait de mieux en mieux, lorsque j'appris que notre brave colonel venait d'arriver, et qu'il était blessé. Je fus de suite trouver le sergent-sapeur Duflot, et nous fûmes lui présenter nos hommages, ainsi qu'au commandant Gimont, auquel on venait d'amputer la jambe. Ils nous accueillirent avec la plus grande bonté; le colonel cherche à ranimer nos espérances et notre courage : « Comptez, nous dit-il, que je ne vous oublîrai pas. » Nous lui peignîmes le tableau de la misère dans laquelle se trouvaient ceux des hommes du régiment présens à Wilna qui depuis long-temps ne touchaient aucune solde et ne pouvaient prendre aucun repos pendant leur convalescence. Le colonel m'ordonna de dresser un état de solde pour les sous-officiers, en m'assurant qu'il serait présenté à l'inspecteur aux revues. Je le fis promptement, mais quand, au bout de quelques jours, nous allâmes pour le présenter au colonel, il n'était déjà plus à Wilna. Malgré cela, je conservais encore l'espérance qu'avaient fait naître dans mon cœur les paroles bienveillantes qu'il nous avait tenues; et voyant que ma blessure se cicatrisait de jour en jour, je ne songeais plus qu'à rejoindre, le plus tôt possible, le régiment. Mais un nouveau malheur vint m'accabler et renverser toutes mes espérances.

L'inspecteur aux revues avait un neveu qui était atteint de la fièvre chaude. On le transporta à l'hôpital où, par considération, il fut placé dans la salle des sous-officiers; et deux ou trois jours après son arrivée je fus atteint de la même maladie, et je restai vingt-deux jours sans connaissance. Il faisait déjà très-froid, puisque nous étions à la fin d'octobre, et, dans mon délire, je descendais de mon lit, surtout pendant la nuit; et quand les infirmiers étaient endormis, j'allais, tout nu, me coucher dans la neige. Mais un brave maréchal-des-logis de cuirassiers, plus occupé de mon sort que du sien propre, veillait sur moi, et quand il ne me voyait pas dans mon lit, il appelait les infirmiers qui, ne me trouvant ni dessus ni dessous, car il m'était arrivé plusieurs fois de m'y placer, descendaient dans les cours, où ils finissaient toujours par me découvrir couché dans la neige.

Vingt-deux jours s'étaient écoulés durant lesquels j'étais demeuré dans le même état, mais je passai paisiblement la nuit du vingt-troisième, la couverture sur le visage; et lorsque, le matin, on vint faire la visite, je compris, pour la première fois depuis l'invasion de la maladie, que le chirurgien-major disait aux infirmiers : « Comment va le sergent? » Et j'ai su ensuite, que leur réponse avait été que depuis la veille au soir je n'avais pas remué. On leva la couverture qui me couvrait le visage, j'ouvris les yeux, et le chirurgien me demanda comment je me trouvais. Je fis un signe de tête ; il me tâta le pouls, et dit : « Il est sauvé. » Ces paroles me surprirent d'autant plus que je n'avais aucune connaissance de ce qui s'était passé.

Le lendemain je descendis de mon lit et me nettoyai un peu. Le surlendemain j'avais déjà plus de force. Le troisième jour je marchai dans la salle avec mes béquilles et, le quatrième, je fus à la salle des officiers pour remercier ceux qui avaient pris intérêt à moi, et pour avoir des nouvelles du régiment par le brave lieutenant Godot, de ma compagnie, dont on m'avait annoncé l'arrivée à l'hôpital. Il avait été atteint d'un coup de feu, mais il avait obtenu un grade de plus. Je fus assez malheureux pour le trouver parti de l'hôpital. Je vis la salle renouvelée ; plus de la moitié des malades avaient été moissonnés par cette cruelle maladie. Je remerciai tous ceux qui s'étaient empressés de m'être utiles, surtout mon bon camarade le maréchal-des-logis qui, bien que blessé au genou, n'en descendait pas moins de son lit pour me reconduire au mien quand je m'en éloignais. Je remerciai aussi une bonne sœur Thérèse, que la gravité de ma maladie n'avait pas empêchée de me panser régulièrement deux fois par jour. Par ce moyen, elle avait accéléré de beaucoup ma guérison, dont je voyais avec plaisir que j'atteignais enfin le terme.

Ma plaie était presque fermée, quand le bruit se répandit que l'armée battait en retraite. Nous demandâmes à être évacués, mais notre demande ne put être accueillie, puisque les moyens de transport manquaient complètement. Je reprenais des forces de jour en jour; je me félicitais d'avoir été attaqué l'un des premiers par la fièvre chaude. Je suivrai l'armée dans sa retraite, me disais-je en me consolant, car je me croyais beaucoup plus fort que je n'étais réellement.

Nous étions arrivés au 8 décembre. Ce fut ce jour-là qu'on nous apprit que toute la garde était entrée à Wilna dans le plus affreux désordre. Nous allâmes nous assurer de la vérité. Grand Dieu! comment exprimer notre surprise et notre désespoir à la vue des troupes, en partie désarmées, entrant en même temps que les Cosaques, devant lesquels elles fuyaient. Saisis d'horreur nous retournâmes en toute hâte à l'hôpital, dans l'intention d'en partir au plus tôt, quand, en passant près d'un café tenu par des juifs, et où nous allions quelquefois, la demoiselle vint au-devant de nous et nous invita à nous éloigner le plus promptement possible, en nous assurant que les juifs avaient tramé le complot d'assassiner tous les Français qui se trouvaient à Wilna. Ces barbares ne purent exécuter complètement leur projet, mais pour assouvir leur rage, ils se portèrent dans les divers hôpitaux. Heureusement pour nous, nous étions partis avant leur arrivée.

Avant de partir, j'eus le soin d'aller à un rendez-vous que m'avait donné la jeune juive qui venait de nous révéler le complot des juifs. Elle me remit une saucisse et un morceau de lard, ce qui peut paraître étonnant de la part d'une juive, prit ensuite ma gourde pour l'emplir de schnap, et nous nous dîmes adieu. Quelle différence entre la froide cruauté des juifs et le beau caractère de cette femme qui, non contente de nous avoir prévenus du danger, venait encore, en quelque sorte, au-devant des privations qui pouvaient m'attendre plus tard!

Comment peindre nos alarmes et le morne désespoir qui régnait parmi nous! Forcé d'abandonner dans Wilna mes braves et vieux camarades, parmi lesquels beaucoup étaient encore retenus au lit par la fièvre ou leurs blessures, et qui, sans doute, auraient, comme moi, préféré la mort sur la route aux assassinats qui devaient terminer leur existence à l'hôpital, je songeais surtout au brave maréchal-des-logis qui m'avait prodigué tant de soins; je gémissais profondément de n'avoir pu lui être d'aucun secours.

La plus vive douleur et l'accablement le plus profond se remarquaient parmi nous. Plusieurs étaient déjà en route. Nous nous réunîmes trois sergens du régiment, dont un de la compagnie dont je faisais partie; il se nommait Poncet. Nous allâmes chercher le sergent-sapeur Duflot, mais il voulut attendre le régiment, dans l'espoir d'obtenir quelques secours de ses camarades. Sa blessure n'était pas encore guérie, et sa femme étant avec lui, il ne pouvait se mettre en route aussi facilement que les autres. Telle fut notre sortie de Wilna.

En arrivant à la montagne, le premier tableau qui s'offrit à notre vue fut un caisson abandonné, deux soldats du train et si chevaux étendus morts. En avant un cavalier et son cheval gisaient également sans vie. Nous ne parvînmes qu'avec beaucoup de peine à gravir cette montagne; mais mes compagnons arrivèrent au sommet bien avant moi,

et s'étaient réchauffés près d'un feu de bivouac
quand j'arrivai. Aussitôt que je fus près d'eux, je
les engageai à partir, car je n'avais pas froid, et
mon avis fut écouté. Un peu plus loin nous vîmes,
sur la droite, un parc d'artillerie qui était abandonné; ce qui nous confirma dans l'idée que toute
l'armée était perdue. En continuant notre route,
nous la trouvâmes couverte de cadavres.

Nous ignorions en partie tout le mal que pouvait causer un froid excessif, comme celui que
nous avions enduré jusqu'alors. Après avoir fait
environ trois lieues nous découvrîmes une maison
sur notre droite, et nous nous y rendîmes. Mes camarades restèrent près d'un feu qui était dehors;
quant à moi, épuisé de fatigue, je cherchai à me
placer dans l'intérieur. C'était l'asile de la mort et
des mourans. Aucune lumière n'éclairait l'horreur
d'un pareil lieu, et en entrant je fus tomber sur
des êtres qui n'avaient plus aucun mouvement, et
je me traînai sur d'autres auxquels j'arrachais des
cris aigus avec lesquels ils exhalaient leur dernier soupir.

L'air corrompu et l'odeur infecte qu'on respirait
dans cet horrible tombeau m'en firent sortir aussi
promptement qu'il me fut possible de le faire, et

je revins me placer auprès de mes camarades, où je me trouvai plus à mon aise.

Toute la nuit nous vîmes arriver des soldats isolés qui, pour la plupart, ne s'approchaient du feu que pour en recevoir aussitôt la mort. Près de cent cinquante hommes périrent ainsi les uns après les autres dans un espace de sept heures.

Notre départ eut lieu avant le jour. Mes camarades insistaient pour ne point me quitter, afin de me donner les soins les plus pressans que réclamait ma position; mais par les raisons les plus simples et les plus convaincantes, je parvins à les décider à partir sans moi.

Je marchai donc seul, à l'aide de mes béquilles. La division de la garde napolitaine passait en ce moment. Un officier me fit monter sur un traîneau qui lui servait, et prit place sur le derrière. La nuit étant venue, il fallut quitter le traîneau. Je témoignai toute ma reconnaissance à l'officier du service qu'il venait de me rendre. Errant et isolé, j'entrai dans une maison, où je trouvai des officiers et des soldats du régiment, et j'y rencontrai même mes deux sergens qui m'avaient quitté le matin. Je trouvai aussi dans cette maison M. Bouilly, lieutenant de ma compagnie. En me voyant dans

une aussi cruelle position, ce brave officier aurait
bien desiré venir à mon secours, mais hélas il ne
le pouvait pas plus que les autres : nos souffrances
étaient les mêmes pour tous.

Je ressentais des douleurs très-aiguës au pied
droit. Je voulus en connaître la cause, et j'examinai
ma blessure. Je restai consterné en voyant les cinq
doigts tout noirs et frappés de gangrène. On me
conseilla de laver mon pied dans la neige, ce que
je fis de suite, croyant bien faire; mais je n'en
éprouvai point de mieux. Je n'étais point au terme
de mon voyage et moins encore à celui de mes
souffrances. Je me couchai donc le moins mal possible dans cette maison, qui était encombrée. De
nouveaux arrivans faisaient sortir ceux déjà placés,
et, sans distinction de rang ou de grade, il fallait
faire place.

En me réveillant le matin je ne vis plus mon
lieutenant et mes deux sergens, et je me mis en
route. A peu de distance de là je vis sur le bord
du Niémen un groupe de militaires qui prenaient
du biscuit dans des tonneaux placés sans doute
exprès sur leur passage pour subvenir à leurs premiers besoins. Ne pouvant m'approcher d'assez
près, plusieurs m'en donnèrent un peu. Je continuai

mon chemin, ayant le désir d'arriver le jour même à Kowno. En route je fus accosté par un officier supérieur portant des bésicles, et vêtu d'une pe-lisse fourrée et d'une chaussure de la même na-ture. Il plaignit mon sort, m'exhorta au courage, qui me manquait moins que la force; il me dépei-gnit sa malheureuse position, étant, me dit-il, or-donnateur de l'armée. Ses domestiques lui avaient enlevé tout ce qu'il possédait, ce qui l'avait con-traint à marcher à pied et isolément. Il prit l'avance sur moi, mes blessures ne me permettant pas d'aller aussi vite que lui.

Quelques instans avant d'arriver à Kowno, je vis un homme mort que des malheureux cherchaient à dévaliser. J'éprouvai tout à coup une surprise mêlée d'horreur et de pitié, en reconnaissant l'or-donnateur dont je viens de parler, mon camarade de route quelques heures auparavant. Il fut bien-tôt entouré des cadavres de ceux qui le dépouil-laient, car ils furent presque tous victimes de leur cupidité, et périrent par la seule action du froid. Frappé d'horreur à ce spectacle, je m'éloignai le plus rapidement qu'il me fut possible, mais détour-nant involontairement la tête, je vis s'augmenter encore cet amas de morts et de mourans par de nouveaux venus, que les mêmes désirs attiraient, peut-être, vers ce lieu qu'ils ne devaient plus quitter.

Malgré que la douleur que me faisaient éprouver mes blessures fût telle que, loin de m'apercevoir du froid qui était excessif, je fusse au contraire tout couvert de sueur, je continuai ma route. Arrivé à Kowno, je m'adressai à l'officier du régiment chargé de la tenue des contrôles, qui, touché de l'état déplorable dans lequel il me voyait, me dit : « Comment n'êtes-vous pas officier? L'ordre de votre nomination est arrivé, et j'ai vu votre nom sur les contrôles.» Je ne vis, dans ce qu'il me disait, que des paroles de consolation. Je l'en remerciai, en ajoutant qu'étant blessé depuis long-temps je n'avais encore reçu aucune nouvelle relative à mon avancement. Ce brave officier me donna une bouteille de vin et me conseilla d'aller trouver le garde-magasin qui, selon lui, pourrait me donner quelques vêtemens, et me procurer les moyens de me faire évacuer en traîneau. Je suivis son conseil. Mais quels furent mon étonnement et ma joie, quand dans le garde-magasin je reconnus mon camarade Chevalier, et que là aussi je retrouvai Bode, voltigeur de ma com-

pagnie, qui, par suite de maladie, était resté à
Kowno! Ils me reçurent comme un frère, mais
ils ne purent malheureusement me procurer
qu'une partie des vêtemens qui m'étaient néces-
saires, parce qu'ils avaient reçu l'ordre de faire
partir les porte-manteaux des officiers, et qu'a-
lors n'ayant plus même un nombre suffisant de
traîneaux, il leur devenait impossible de m'en
procurer un.

Il n'y avait plus moyen d'entrer à l'hôpital, il
fallait mourir sur la route. Je gagnai cependant le
corps-de-garde, où je passai la nuit avec quelques
camarades, en mangeant un peu de pain et en
buvant la bouteille de vin qui m'avait été donnée.

Après avoir dormi quelque temps, je fus ré-
veillé à la pointe du jour par *la générale* et le
bruit du canon. Ayant saisi mes béquilles, je me
dirigeai vers le pont, que je trouvai, comme la
place qui l'avoisine, couvert de cadavres. Comme
il était impossible de le traverser, je descendis sur
la rivière, et je dus mon salut à deux gendarmes,
qui me conduisirent, en me soutenant sous les
bras, jusque sur l'autre rive, où je trouvai un
sergent et un caporal du régiment, blessés tous
deux, mais possesseurs d'un bidon contenant du

rhum. J'éprouvai encore une fois une joie qu'il
est difficile d'exprimer, lorsque je reconnus dans
le sergent qui venait de perdre quatre doigts de
la main à la bataille de la Bérésina, un ancien
camarade entré au service en 1808 avec moi au
58ᵉ. Il était venu en 1812 rejoindre le 26ᵉ à Berlin, et, pour la première fois, nous nous retrou-
vions ensemble. Comme leurs blessures ne les
empêchaient point de marcher, nous ne pûmes
rester plus long-temps en compagnie. Ils m'em-
plirent de rhum la gourde que je portais, et, char-
gés de leur bidon, ils gravirent la montagne dans
l'espoir de rejoindre le régiment.

L'encombrement produit par les bagages avait
rendu la route entièrement impraticable. Un horrible massacre de Français, de Russes et de Cosaques eut lieu dans cet endroit. L'acharnement
qu'ils mettaient à piller les trésors de l'armée leur
fit souvent oublier qu'ils étaient ennemis. Nous
montâmes donc sur la droite : mes amis portaient
mes béquilles, tandis que je me soutenais le long
d'une haie, au risque d'être entraîné par les chevaux des cavaliers qui avaient pris la même route.
Enfin, nous arrivâmes au sommet de la montagne,
et à quelque distance, nous rejoignîmes l'armée et

notre régiment, commandé par le capitaine Dornier. Nous donnâmes aux soldats, exténués comme
nous, le peu de rhum que nous avions encore. Les
généraux nous offraient des poignées d'or pour
un peu de ce rhum, dont nous ne pûmes leur
fournir.

Je ne pus retenir mes larmes en voyant que tout
le régiment avait été détruit. Plus d'officiers, plus
de soldats, et, dans un espace de quelques toises,
nous entendîmes appeler, premier, deuxième, troi-
troisième, quatrième, cinquième, sixième, septième, etc. corps d'armée.

Comme nous n'avions, quoique blessés, aucune
avance sur l'armée, et qu'on se battait encore,
nous jugeâmes prudent de partir. Un chemin s'offrit à nous sur la droite, et nous le suivîmes machinalement. Voyant arriver le dernier instant
de ma vie, mais persuadé que mes camarades pouvaient encore parvenir à sauver la leur, je les con-
jurai de m'abandonner à mon sort; leur représen-
tant qu'il y aurait trois victimes au lieu d'une,
s'ils différaient plus long-temps à se rendre à mon
avis. Les voyant persister dans leur refus de me
quitter, je pris mon sac, et m'étant assis dessus, ils
se virent contraints de continuer leur route, car

s'ils se fussent arrêtés quelques instans, le froid pouvait les faire périr. Nous nous fîmes nos adieux, et nous nous témoignâmes le regret que nous éprouvions de nous quitter, tant que la voix put se faire entendre, et que les signes purent être aperçus.

Resté seul, je bus un peu de rhum pour me donner des forces. A ce moment passèrent deux domestiques polonais à cheval, l'un d'eux tenant en laisse un troisième cheval. J'étais un peu enfoncé dans le bois, ils ne m'avaient pas vu, et je compris que l'un de ces hommes disait à l'autre, qu'on lui avait offert de l'argent pour monter le cheval qu'il conduisait. Je leur criai de s'arrêter et de se diriger vers moi, en leur offrant cinq francs. Ils vinrent à moi directement, et me mirent à cheval après avoir reçu les cinq francs.

S'imaginant sans doute que j'étais cavalier, ils partirent au trot. J'étais dans une situation horrible ; faible, embarrassé de mes béquilles, fatigué du trot du cheval et presque anéanti. Néanmoins je supportai mes souffrances avec courage, quoique je ne me crusse pas, du reste, en parfaite sécurité avec de semblables compagnons de voyage. N'ayant pu aller aussi vite qu'eux, j'étais resté en arrière,

et j'en étais séparé de plus d'un quart de lieue,
quand j'en vis arriver un, qui me tint des paroles
assez dures. J'en devinai sans peine le motif : ils
craignaient que je ne dérobasse le cheval, mais ma
position le rassurant, il s'excusa sur la crainte qu'il
avait que nous ne fussions faits prisonniers, et
m'engagea plus doucement à faire tous mes efforts
pour accélérer notre marche.

Il rejoignit son camarade, ils piquèrent des
deux, et, bientôt, je les perdis de vue une autre
fois, et je continuai ma route à travers le bois.
Au bout d'une heure je les vis revenir, et ce fut
alors que je reconnus que le jugement que j'en
avais porté était entièrement faux, car s'étant
aperçus que j'étais prêt à succomber, ils me firent
entrer dans une chaumière où, après nous être
réchauffés un instant, ils me donnèrent du pain
et un peu de schnap. J'avais un si grand besoin
de me reposer, que s'ils eussent tardé un quart
d'heure à venir me rejoindre, je me serais jeté à
bas du cheval, dont le mouvement avait relevé
mon pantalon, ce qui fut la cause que j'eus la
jambe droite gelée.

Au bout d'une heure, ils me replacèrent sur
mon cheval, et nous partîmes. Ce fut à cette halte

que je connus que mes deux compagnons étaient Polonais. Après avoir fait douze lieues de traverse, nous descendîmes à un village polonais - russe, composé de cinq à six maisons au plus, et dont les habitans parurent assez affables à l'aspect de l'or de mes compagnons. Ils firent préparer des pommes de terre, mais la fatigue et la souffrance m'avaient enlevé l'appétit, et je fis peu honneur à ce repas. Ils me firent donner du lait chaud, et comme je les remerciais de leur conduite généreuse envers moi, ils m'assurèrent que leur volonté était de me mettre hors de tout danger.

Nous passâmes une partie de la nuit sur la paille, et nous partîmes à deux heures du matin. J'aurais, je crois, préféré mourir dans cette maison à me remettre en route; mais l'hôte qui le prévoyait, avait engagé fortement mes compagnons à ne me point abandonner. Trois heures après notre départ nous avions fait environ six lieues, et rejoint la grande route; mais les braves Polonais ne m'avaient point précédé, ils craignaient, cette fois, que je ne m'égarasse à cause de l'obscurité de la nuit.

Les souffrances affreuses que j'endurais, et l'état de faiblesse dans lequel je me trouvais, me contraignirent à les supplier de me descendre de cheval.

4

Je leur exposai que nous étions sur la grande route,
et qu'il y avait des habitations où je pourrais
trouver un abri. De leur côté, ils m'engageaient à
marcher encore une heure, en me disant qu'après
ce temps, nous serions à Gombines, où se trouvait
un hôpital, et que les troupes françaises occu-
paient cette ville. Mais il ne m'était plus possible de
supporter le trot du cheval : ils me descendirent
donc, malgré eux, et je me vis ainsi séparé pour
toujours de mes libérateurs. Je me dirigeai vers
une maison où j'apercevais de la lumière. En y
arrivant, je trouvai des militaires assis autour d'un
feu. Étonnés de me voir avec mes béquilles, ils me
dirent de me rendre dans la grange avec les autres
malheureux comme moi. En entrant, je marchai
sur les pieds de quelqu'un; ce qui me fit tomber.
En me relevant j'entendis crier au feu, et je pensai
que l'imprudence de ceux qui étaient dehors pouvait avoir causé l'incendie de la grange. Je me
traînai donc à la porte tenant toujours mes béquilles. Un spectacle horrible frappa mes yeux, la
grange était en flammes. Je me dirigeai donc plus
loin, et j'entrai dans une autre maison d'où venaient de sortir des dragons de l'Impératrice. Les
domestiques s'opposèrent d'abord à ce que j'en-

trasse, mais un officier, auquel on venait d'apprendre que le feu était à la grange, se présenta et ordonna qu'on se préparât à sortir aussitôt. C'était le logement où était le colonel du régiment. Alors les domestiques me laissèrent entrer et me donnèrent à boire; cela me ranima un peu, je partis un instant après, et je rejoignis la route, car je n'en étais qu'à une demi-portée de fusil. Là, de nouveau, porté par mes béquilles, je marchai parmi le reste de l'armée. Je voyais à chaque pas diminuer le nombre des soldats qui composaient le beau corps des dragons de l'Impératrice. Le froid les faisait tomber comme les feuilles d'automne.

Ayant aperçu une maison sur la gauche de la route, j'essayai d'y entrer, mais ce fut en vain, car elle était pleine de soldats de tous les corps, et, au moment où je m'en approchai, on en sortait les morts. Je fus m'asseoir un moment à la porte, mais le froid m'obligea de partir. Je marchais moins vite que jamais, car mes forces s'épuisaient de plus en plus, et j'eus le chagrin de voir, sans pouvoir la suivre, toute l'armée défiler devant moi.

J'avais fait à peu près deux lieues depuis mon départ du logement de l'état-major, lorsque j'aperçus une maison sur la gauche de la route; je

4.

m'y rendis et n'y trouvai qu'une femme, à laquelle je demandai la permission de me réchauffer un peu, l'assurant que je ne resterais pas long-temps, bien que je crusse réellement n'être pas en état de me remettre en route. Cette bonne femme me reçut cordialement, et m'offrit quelques pommes de terre, dont j'acceptai quelques-unes. Trois fantassins entrèrent au même moment et se partagèrent, quelques instans après, tout l'or qu'ils avaient pu prendre à la montagne, où le trésor de l'armée avait été pillé. Ce partage les avait tellement occupés, qu'ils ne s'étaient point encore aperçus que j'étais près d'eux, quand, tout à coup, un d'eux m'ayant vu, dit à ces camarades. « Nous ne sommes pas seuls. » Cependant ils continuèrent leur partage, et l'un d'eux me dit : «Sergent, veux-tu vendre ta capotte? » Je lui fis entendre que ma position ne me permettait point de m'en défaire; mais que n'ayant point d'argent, j'en ferais le sacrifice. Il me demanda ce que j'en voulais, et comme je vis qu'il ne savait où placer tout l'or qu'il possédait, je lui dis que je m'en rapportais à sa générosité. Je fus indigné de sa barbarie, quand je l'entendis m'en offrir cinq francs, et je ne pus retenir quelques paroles assez dures. Il me répondit avec ironie, qu'il me donnerait le manteau à demi brûlé qu'il portait, et que, d'ailleurs, n'ayant pas encore long-temps à vivre, cinq francs valaient mieux pour moi que ma capotte, puisqu'ils me mettraient à même de me procurer un peu de schnap pour me ranimer. Le besoin que j'avais d'argent me fit accepter son offre, en lui prédisant qu'il ne jouirait pas long-temps d'un bien dont il disposait si mal.

J'étais loin de prévoir que ma prédiction s'accomplirait si promptement; mais voici ce qui arriva. Une demi-heure environ après que notre marché fut conclu, il donna une pièce d'or au maître de la maison, qui venait de rentrer, en le priant d'aller chercher, pour lui et ses camarades, de quoi boire et manger. Le paysan étant parti, sa femme me fit signe de m'approcher d'elle. Lorsque nous fûmes à portée de nous entendre à voix basse, elle me dit de partir aussitôt que je verrais revenir son mari. Cet avis fut un mystère pour moi, j'en profitai cependant, sans m'occuper de l'approfondir. Comme je me disposais à quitter cette maison, je vis revenir l'hôte avec une bouteille de schnap. Cet homme me voyant sortir me suivit d'abord par derrière, et me conduisit vers un traîneau, dans lequel se trouvaient déjà un officier de santé et un capitaine. Il m'y fit entrer sans exiger aucune rétribution de ma part, et nous partîmes aussitôt. Nous étions tout au plus à une demi-portée de fusil de la maison que nous venions de quitter, quand nous la vîmes entourée de paysans armés de lances, et presque tous à cheval. Les malheureux qui s'y trouvaient périrent victimes de leur cupidité, et cet or qu'ils croyaient devoir leur être si utile fut la cause de leur mort. Nous craignions pour nous-mêmes; mais le gaspoda nous assura que nous ne courions aucun danger.

Nous approchions de Gombines, dont nous n'étions plus séparés que de quatre lieues, et, dans peu de temps, nous y arrivâmes. Il y avait de la garde. Les officiers reprirent là un autre traîneau; mais, moins généreux que l'étranger, ils m'abandonnèrent. Je n'avais pas réellement l'intention d'aller plus loin. Je me dirigeai donc vers l'hôpital, mais il me fut impossible d'arriver jusqu'à la porte. Cependant j'avais alors, de plus que la veille, les mains, le nez et les oreilles gelés. L'encombrement des blessés étant trop considérable pour qu'il me fût permis d'espérer parvenir jusqu'à l'hôpital, je pris le parti d'entrer, dans la grande rue, chez un menuisier, où se trouvaient déjà logés plusieurs soldats de la garde. Oh! combien le malheur endurcit le cœur de l'homme! Nous étions tous frères quelques instans avant, et là, personne ne se portait secours. Je donnai à la maîtresse de la maison le peu que j'avais encore de monnaie en la priant de m'avoir du schnap. Elle me fit aussi de la soupe, dont je n'avais point goûté depuis mon départ de Wilna. Au bout de quelques momens je me trouvai bien, je me sentais en quelque sorte renaître, et je nourrissais l'espoir qu'avec la pièce de cinq francs, prix de ma capotte, je pourrais le lendemain, partir dans un traîneau. Vain espoir! Je donnai au petit garçon de ces braves gens une petite paire de boucles d'argent, en lui disant de les conserver en mémoire de moi. Les parens me remercièrent, et le père m'ayant proposé de me faire une paire de béquilles plus solides que les miennes, j'acceptai sa proposition. Je demandai et j'obtins de la charpie. Je vis en me pansant que ma blessure était un peu ouverte, mais je me contentai d'y appliquer seulement un linge blanc, et je mangeai ensuite, avec assez d'appétit, une soupe au lait qu'on me présenta.

Je m'étais, dans cet endroit, lié d'amitié avec un sergent-sapeur de la garde. Il avait aussi les pieds gelés, mais moins cruellement que moi. Comme il avait de l'argent, je l'avais engagé à partir au plus vite en traîneau ; mais l'espoir que nous finirions par ne plus battre en retraite, le décida à rester à Gombines pour y prendre un peu de repos.

Nous étions couchés, quand on vint prévenir les soldats de prendre leurs sacs et de partir sur-le-champ. Ce sergent de sapeurs et moi restâmes ; mais le lendemain matin on publia que tous les bourgeois chez lesquels on trouverait des Français seraient passés au fil de l'épée. Notre hôte nous fit part de cette mesure, et nous invita à nous rendre à l'hôpital en nous assurant qu'on pouvait y entrer. Il nous fit servir une soupe, et nous partîmes, pleins de chagrin d'être forcés d'abandonner ces braves gens, où nous étions parfaitement bien traités.

Ce fut avec beaucoup de peine que nous entrâmes à l'hôpital. Nous fûmes obligés de prendre place à terre, sans avoir même un peu de paille pour nous coucher. Néanmoins je m'estimais heureux d'avoir un abri pour mourir. Il serait difficile de tracer l'horrible tableau d'une salle dans laquelle les blessés et les mourans étaient pêle-mêle, deux ou trois dans un lit, ou couchés sur le plancher. Parmi eux se trouvaient plusieurs des malheureux qui avaient été victimes de l'incendie de la grange dont j'ai parlé plus haut. Les uns avaient les mains, d'autres la figure ou tout le corps dans un état affreux.

Comme, grâce aux soins que m'avait procurés le menuisier de Gombines, j'étais un peu moins souffrant, je me plaçai avec ceux dont la position se rapprochait de la mienne. Plusieurs maréchaux-des-logis et brigadiers du train s'étant mêlés parmi nous, proposèrent, comme moyen de distraction, de faire, à quatre, une partie de *drogue*. Tout à coup un brigadier s'écria : *Hu! haye! pousse à la roue!* Il répéta plusieurs fois ces paroles, puis enfin cessa. Ses camarades de la même arme et moi nous nous mîmes à rire, quand à son tour le maréchal-des-logis, qui était à ma gauche et qui portait la *drogue*, éprouva le même délire et proféra les mêmes cris. Je ne tardai point à m'apercevoir que ce qui m'avait d'abord tant surpris était devenu général parmi les soldats du train, car on n'entendit plus qu'eux répéter ces mots dans la salle. Les cris cessèrent un peu vers le soir avec la mort d'une si grande quantité de soldats que, de tous ceux qui se trouvaient à côté de nous le matin, il n'en restait plus un seul.

Le sergent-sapeur s'affaiblissait de plus en plus. Il faisait tout son possible pour obtenir un lit; il offrit de l'or à l'infirmier-major, qui lui promit que, dès qu'il y aurait moyen de lui en procurer un, il en saisirait l'occasion. Derrière nous, dans un lit, se trouvait seul un maréchal-des-logis des grenadiers à cheval, que le sergent de sapeurs avait reconnu. Cet homme était très-malade, et ces deux soldats s'embrassèrent comme deux vieux amis qui voient approcher le terme de leur vie et de leurs souffrances.

Nous apprîmes bientôt que les Cosaques allaient entrer dans Gombines. On venait de demander dans l'hôpital quels étaient ceux qui désiraient être évacués, et j'engageai le sapeur à en faire partie. Je ne pus l'y décider : le courage lui manqua. J'aurais bien désiré quitter l'hospice, mais les places dans les traîneaux coûtaient encore assez cher, et j'avais presque entièrement dépensé ma pièce de cinq francs : force me fut de demeurer.

On me sépara du sergent en le mettant dans un lit. J'étais resté le seul de tous ceux qui étaient entrés en même temps que moi. L'infirmier-major, qui était prussien, parlant assez bien le français quand il le voulait, et le comprenant encore mieux, prit, à cause de mon caractère gai et décidé, un véritable intérêt à mon sort, et me dit qu'il allait me faire évacuer en traîneau, avec l'aide-major qui était resté en dernier et un jeune sous-lieutenant qui se trouvait placé dans un lit en face de moi. Je lui fis observer alors que j'étais sans argent, et qu'il me faudrait de quoi panser mes blessures, puisque mes orteils semblaient devoir tomber entièrement, et qu'il m'était, moins que jamais, possible de me mettre en route. Il me répondit que je ne devais m'occuper de rien, et quelques instans après, il m'apporta environ une livre de pain et une bouteille contenant de l'eau-de-vie camphrée, puis il m'invita à descendre. Je fis mes adieux au sergent de sapeurs, puis, prenant mes béquilles, je ne me fis pas attendre. En sortant nous trouvâmes un traîneau, et quand le chirurgien et le sous-lieutenant y montèrent, j'y étais déjà.

Nous voici de nouveau en route, et si le ciel voulait éprouver mon courage, il ne m'a pas épargné les épreuves.

Nous voyageâmes grand train. Le froid sem-

blait un peu moins rude et, d'un autre côté, les
forces et la nourriture que j'avais prises à Gombines
m'en faisaient plus facilement supporter la rigueur.
Enfin nous arrivâmes à Lansberg, et l'ordre fut
transmis par les gendarmes du pays, alors prussien, d'aller dans les villages voisins. On nous
conduisit, et nous couchâmes chez un paysan. Le
chirurgien fit préparer des pommes de terre au
lait, dont je mangeai fort peu, car mon estomac
affaibli pouvait à peine remplir ses fonctions. Le
lendemain, pour partir, nous réclamâmes notre
traîneau, et, avec beaucoup de peine, nous parvînmes à nous en faire donner un qui nous conduisit à deux lieues environ, dans un village où
les paysans rassemblés, renversaient dans un ravin
tous les traîneaux qu'ils pouvaient atteindre. Le
nôtre, quoique contenant deux officiers, éprouva
le même sort, et je me trouvai dans la neige, mes
béquilles jetées loin de moi. Ce fut le prélude de
malheurs encore plus grands que tout ce que j'a-
vais éprouvé jusque là.

Nous nous relevâmes et grimpâmes, en nous
aidant de nos pieds et de nos mains, le ravin où
nous avions été jetés, pendant que les paysans
riaient aux éclats de la peine et des difficultés

presque insurmontables que nous avions à vaincre.
Une auberge se trouvant en face de nous, nous y
entrâmes, et les paysans vinrent, ironiquement,
nous demander s'il ne fallait pas qu'on nous préparât quelques poulets. Après de semblables discours, ils nous demandèrent si nous avions de
l'argent pour nous faire conduire plus loin. L'officier
de santé donna vingt francs, et partit seul. Le sous-
lieutenant, qui avait les fièvres, voyait son courage l'abandonner entièrement, et sentait qu'il lui
était d'autant plus impossible d'aller plus loin,
qu'il était absolument sans chaussure. Je fis tout
ce qui dépendait de moi pour rehausser son moral.
Je lui fis comprendre que, si nous restions plus
long-temps, nous serions infailliblement égorgés
par ces scélérats de paysans, et je lui offris une
paire de souliers que j'avais dans mon sac, en l'engageant à en profiter pour nous rendre au plus
prochain endroit, où, sans doute, nous serions
moins en danger. Il se rendit à mes raisons, accepta mon offre, et nous partîmes en nous diri-
geant vers un clocher que nous apercevions à une
demi-lieue environ de distance. Nous l'atteignîmes
enfin, et nous entrâmes dans une maison où l'on
nous permit de nous réchauffer. On nous intro-

duisit dans une salle où se trouvaient un caporal hessois, un tambour et un autre militaire, qu'il ne me fut pas possible de reconnaître, soit comme Français, soit comme étranger, car il ne prononça aucune parole.

Nous étions à peine entrés, que le caporal hessois nous intima l'ordre de partir. L'ayant sommé de nous faire connaître les motifs d'une si singulière conduite envers nous, que les maîtres de la maison avaient admis, il ne répondit que par un torrent d'injures. Ce fut alors que, poussé à bout, je fus m'asseoir sur une chaise, et mettant le sabre à la main, je défiai l'arrogant et lâche caporal. Le bruit que fit cette scène attira le maître de la maison, qui entra au moment où le Hessois sautait par la fenêtre. « Vous êtes perdus, nous dit-il ; partez au plus vite. Cet homme est allé prévenir les Cosaques. » A la sollicitation du lieutenant nous sortîmes. Mais quelle fut notre situation, lorsqu'à peine arrivés à la porte, nous vîmes une nuée de Cosaques qui se répandaient dans le village et nous entouraient de toutes parts ! Le sous-lieutenant fut bientôt atteint d'un coup de lance qui le renversa, et je fus, à mon tour, frappé d'un coup de bois de lance qui me fut porté par un autre que je crus, à son costume, reconnaître pour un sous-officier.

Comme il se trouvait là quelques Français armés, les Cosaques les poursuivirent. Quelques-uns périrent, mais le plus grand nombre dut son salut au voisinage d'un bois dans lequel les Cosaques ne purent pénétrer. J'étais retourné sur mes pas dans l'intention de rentrer dans la maison d'où je sortais; mais le maître s'y opposa, en me disant que j'allais mettre, moi-même, l'oiseau dans la cage, et qu'il était plus prudent de me retirer dans la grange avec ceux qui marchaient devant moi. En m'y rendant, j'aperçus une échelle devant un grenier : l'idée me vint d'y monter. Lorsque je fus entré, je retirai l'échelle et la fis tomber, ainsi que mon sabre, dans la bergerie qui était au-dessous.

Il y avait peu de temps que j'étais dans cette position, lorsque je vis arriver les Cosaques, qui demandèrent au paysan où s'étaient réfugiés ceux qui étaient entrés chez lui. Il indiqua la grange, où les Cosaques furent les chercher, et d'où ils les emmenèrent. Je priais Dieu de détourner leurs regards du lieu de ma retraite quand, tout à coup, je vis arriver un de ces maudits paysans-cosaques qui, fouillant la grange, y découvrit un soldat qui s'était caché dans la paille, le traîna comme une victime et l'amena au milieu de la cour, vis-à-vis le grenier où je me trouvais. A travers les fentes que laissaient entre elles les planches, je vis ce malheureux tomber percé de coups de lance. A ce spectacle, la terreur s'empara de tout mon être, et je tombai sans connaissance pour ne revenir à moi qu'au bout de quelque temps.

Le paysan qui ne m'avait pas vu sortir vint au bas du grenier, et m'appela. Je croyais entendre la voix d'un Cosaque. Il m'adressa des paroles rassurantes, en me demandant où se trouvait l'échelle. Il fut la chercher, monta vers moi, et m'apprit qu'il lui était impossible, sans se compromettre, de me garder plus long-temps chez lui, puisqu'on venait de publier que, tout paysan chez lequel on trouverait un Français refugié serait pendu et sa maison brûlée. Je lui demandai l'heure qu'il pouvait être et, par sa réponse, je connus que j'étais resté deux heures au moins sans connaissance. Je le priai en grâce de me permettre de rester jusqu'à la brune, afin de favoriser ma retraite, et il accéda à ma demande. Son fils, enfant d'environ douze ans, ayant passé la main sur moi, crut que la mauvaise capotte bleue que je portais et que j'avais achetée à Wilna, était de quelque valeur, et dit à son père qu'il fallait que je la lui donnasse. Je m'en défendis en faisant valoir ma position et la rigueur de la saison; mais le père m'engagea à le faire, et même, dans mon intérêt, à donner à son fils l'argent que je possédais; car les enfans, disait-il, se faisaient peu de scrupule de faire pendre leurs parens. Il me restait environ vingt dictes, qu'il prit. La brune arriva, et le père vint placer l'échelle et m'aider à descendre. Je sortis de chez lui sans être aperçu; mais je fus frappé d'horreur en voyant encore à la porte le corps du sous-lieutenant, que je reconnus, bien qu'il fût dépouillé.

J'étais à la sortie du village, mais le plus près était encore à une bonne lieue de distance, et pour y arriver il fallait gravir une espèce de coteau; ce qui, pour tout autre qu'un homme dans ma position, n'eût été que peu de chose à faire, mais ce qui devenait beaucoup pour moi. Enfin le courage, et surtout l'espérance qu'en marchant de nuit, je pourrais me soustraire à la fureur des Cosaques, me donnèrent de la force, et je parvins au milieu de la montagne. Je me dirigeai vers un traîneau que je voyais descendre, et, plein de l'idée que les paysans qui m'avaient donné asile ne pouvaient pas me maltraiter, je demandai si j'avais encore

5

loin pour arriver au village prochain. Pour toute
réponse, celui qui était dans le traîneau le fit
passer sur moi, me renversa dans la neige, et
je fus tellement étourdi que je ne pus me relever
qu'au bout de quelque temps. Je cherchai mes béquilles, que je parvins à ramasser, et je continuai
ma route.

La soif me dévorait; elle était due autant à la
fièvre qu'à la privation d'alimens, car depuis ce
que j'avais pris le matin avec les officiers, je n'a-
vais point mangé. Dans l'intention d'étancher ma
soif, je songeai à faire des boules de neige, que je
portai à ma bouche. L'effet en fut prompt, je me
trouvai glacé dans tout mon être, et je crus que
j'allais mourir. Cependant, avec toutes les peines
du monde, j'arrivai dans un village vers onze heures
du soir. Ayant aperçu de la lumière dans une maison, j'y frappai. Un homme sortit de suite et me dit :
« Malheureux que tu es, la maison est pleine de
Russes. » Je lui répondis que j'étais prêt à mourir de besoin. « Éloigne-toi, me dit-il, je vais t'ap-
porter quelque chose. » J'obéis, et il tint sa parole. Il m'apporta de l'eau et un morceau de pain.
Je bus, mais je ne pus manger. A partir de ce moment je tremblai la fièvre, et sentant que je ne pou-

vais aller plus loin, je résolus d'entrer dans le premier endroit qui se présenterait, et ce fut dans une cour voisine. Je me couchai sous une grange. La maison était pleine de soldats russes. Une voiture était dans la cour, gardée par un chien qui, ne faisant qu'aboyer, donna l'éveil à un Russe et au maître de la maison, qui sortirent, mais qui, heureusement, ne voyant personne, ne vinrent point jusqu'à moi et rentrèrent. Tremblant toujours et ne pouvant me reposer, je me décidai à partir. Au milieu du village on me cria : *Verdau!* Je repondis : *Français!* A ce mot, ils m'appelèrent brigand et vinrent sur moi; mais, lorsqu'ils virent mes bequilles, leur colère se calma. Ils me demandèrent où j'allais, et pourquoi je marchais la nuit. Je leur dis que je me rendais à l'hôpital de Tapiau, et que ne pouvant faire qu'une lieue en trois heures j'étais obligé de marcher de nuit. Je les priai de me donner un peu de schnap pour rétablir mes forces qui s'épuisaient. Ils furent au poste, m'apportèrent une gourde, et me laissèrent partir en me disant qu'ils avaient bien le temps de me rattraper le lendemain.

Au bout du village je trouvai une auberge ouverte et cinq traîneaux à la porte. J'y entrai, et de-

5.

mandai aux paysans qui se trouvaient là combien
j'avais encore de chemin à faire pour me rendre
à Tapiau. « Six lieues » me dirent-ils. Je les priai de
me permettre de me réchauffer un peu, et lorsqu'après une demi-heure de repos je commençais
à m'assoupir, le maître de la maison m'invita assez durement à partir. Je me remis en route et
voyageai toute la nuit. L'espoir de revoir encore
les Français me donna du courage, qui m'était d'autant plus nécessaire que, malgré le froid, je trans-
pirais assez fortement tant j'avais de peine à me
soutenir sur mes béquilles. A la pointe du jour, je
n'étais plus guère qu'à deux lieues de Tapiau. Au
bout de deux heures de marche j'aperçus une
maison et plusieurs traîneaux à la porte. J'entrai.
Quelle joie pour un moment ! Tous Français, surpris de me voir arriver, car plusieurs m'avaient
rencontré sur la route. Mais au bout de quelques
instants, personne ne me faisant place au feu, et
personne ne m'offrant un verre de schnap, j'en
pris un qui était sur la table et le vidai en disant que ceux qui avaient devaient donner à ceux
qui n'avaient rien, et que je ne possédais pas un
schelling.

Un des paysans qui avait son traîneau à la porte

m'offrit à boire. J'acceptai, en lui disant que je ne pouvais rien lui offrir à mon tour, puisque je n'avais pas d'argent. Il eut pitié de moi, et me dit qu'il avait six personnes dans son traîneau, que toutes avaient payé, mais que je ferais gratuitement la septième ou qu'il ne les conduirait plutôt pas. Il tint sa promesse, et quand son monde me vit entrer dans le traîneau, les réclamations s'élevèrent de toutes parts; mais la fermeté du conducteur imposa silence. Nous ne tardâmes point à arriver à Tapiau. Là, je trouvai un hôpital plus que plein; des malades mourans étaient couchés dans la rue pêle-mêle avec les morts; je ne pus donc y entrer.

La garde était logée en ville, et je concevais avec plaisir l'espoir de faire encore quelque chemin et d'arriver à Kœnisberg, dont nous étions éloignés de dix-huit lieues, trajet que le peu de temps que je pensais que les Français tiendraient encore, me permettait d'espérer faire. Je revins donc à l'auberge où mon bon paysan nous avait descendus. Il y était encore avec ceux qu'il avait amenés. Me voyant revenir si promptement, il me demanda pourquoi je n'étais pas entré à l'hôpital. Je lui en dis le motif. Il me fit, ainsi que les grenadiers qui étaient à table, boire un verre de schnap. Ce brave

paysan me demanda si, réellement, je ne possédais pas d'argent, et me dit qu'il allait partir de
nouveau avec son monde, et que chaque personne
lui avait donné vingt francs. Voulant le convain-
cre entièrement que je ne lui en avais point im-
posé, je lui ouvris mon sac, qui contenait une
vergette, un morceau de lard que j'apportais
de Wilna, et quelques pommes de terre. Je l'engageai à prendre tout ce qu'il contenait. Il n'accepta
que la brosse, et me dit qu'il me ferait monter
dans son traîneau, qui devait aller jusqu'à Kœnisberg, si j'avais la force de supporter le voyage.
J'y montai et repris aussitôt ma place. Ce fut encore une nouvelle scène de la part de ceux qui
avaient payé; ils voulaient à toute force me faire
descendre, mais le conducteur ayant offert de rendre l'argent à ceux qui criaient le plus fort, il fallut
bien qu'ils cédassent une seconde fois; d'ailleurs,
des trois traîneaux, pas un ne présentait de place.

Nous côtoyâmes la Vistule, apercevant de temps
en temps des Cosaques qui la traversaient, ce qui
ne laissa pas d'inspirer beaucoup de crainte à
quelques-uns de notre petit convoi, car il y en
avait parmi nous qui possédaient beaucoup d'or,
et, surtout, un sergent-major décoré, avec lequel

j'eus querelle; voici à quel sujet. L'ayant vu vendre à prix d'or du biscuit qu'il avait eu à Tapiau, l'indignation que me fit éprouver sa dureté me poussa à lui dire qu'il avait sans doute arraché à quelque brave Français mort la décoration qu'il portait et qu'il déshonorait par sa conduite. Les camarades ayant pris mon parti, notre querelle n'alla pas plus loin.

Nous fîmes encore là, douze lieues et la nuit arrivait quand nous aperçûmes une auberge, où nous résolûmes de faire halte, malgré la volonté du maître de la maison. Comme je n'étais point le plus agile, je restai le dernier dans le traîneau : ce fut alors que le paysan me dit de prendre mon sac. Je me plaignis d'être abandonné si près du terme de notre voyage, puisqu'il ne nous restait plus que six lieues à faire pour arriver à Kœnisberg. Ayant témoigné au paysan qui nous avait conduits l'idée que j'avais qu'il ne me renvoyait que parce que son cheval était trop fatigué, il me dit que je ne devinais pas le motif de sa conduite, mais qu'il se comportait entièrement dans mon intérêt, et que je devais suivre aveuglément son conseil. J'étais à peine entré, que les trois paysans prirent la fuite, emportant avec eux les sacs, les porte-manteaux, et tout ce qui se trouvait dans leurs traîneaux. Ce fut alors une grande désolation parmi ceux avec lesquels je me trouvais. Quelques-uns, cependant, avaient pris leurs sacs, soit par défiance, soit parce qu'ils espéraient passer la nuit dans cette auberge. Mais le maître de la maison et les valets ne voulurent point nous recevoir ; ils nous menacèrent d'aller chercher les Cosaques pour nous forcer à nous retirer. Poussés au désespoir, nous les menaçâmes à notre tour, assurant l'hôte que, s'il ne nous laissait point passer la nuit chez lui et qu'il ne nous vendît point de la paille, nous allions mettre le feu. Nos menaces l'intimidèrent, et l'on nous apporta du bois et de la paille. Ceux qui avaient payé étaient les seuls qui dussent coucher dans l'auberge. Le sergent-major ne manqua pas de saisir cette occasion de se venger de moi, lorsqu'à son étonnement, je sortis de mon sac le morceau de lard qui s'y trouvait et que chacun dévora des yeux. Il fut donc arrêté qu'il servirait à faire la soupe et qu'il paierait mon écot. Il n'existait pas, dans toute l'armée, un sergent-major tel que celui-là pour faire son profit de toute espèce de circonstances. On se mit bientôt à table, et le maître de la maison voyant qu'on se conduisait bien,

était rentré avec les siens : ils nous donnèrent des
assiettes et des cuillers. Le peu de nourriture que
je pris ranima la fièvre dont j'étais atteint, et je
tremblai si fort qu'il fallut me porter sur la paille,
où l'on me coucha.

Le sergent-major, après nous avoir fait la soupe,
en vendit à plusieurs soldats qui se trouvaient
parmi nous. Cette conduite nous l'avait fait sur-
nommer *le juif*. A peine étais-je couché que je
l'entendis s'écrier : « Ah ! le voilà donc arrivé, celui-là ! » Comme après le repas chacun s'était couché, je me trouvais à côté d'un tambour qui trem-
blait aussi la fièvre, et qui avait donné *au juif* du
sucre pour qu'il lui préparât un verre d'eau sucrée.
A cette époque, nous étions dans une obscurité
complète, puisqu'il n'existait de lumière que celle
qui partait d'une faible lampe placée, crainte du
feu, à l'autre extrémité de la salle. *Le juif* arrive
avec son eau sucrée, appelle à voix basse le tambour. Je répondis sur le même ton, « De quoi ? »
et le sergent-major me dit : « Tiens, bois, c'est
chaud. » Je jugeai bien que cette complaisance
n'était qu'une méprise, cependant je bus le verre
d'eau sucrée, sans proférer un seul mot. Le juif,
persuadé qu'il avait donné cette boisson au tam-

bour, vint se coucher près de lui. Le mouvement qu'il fallut faire pour s'approcher les uns des autres et faire place au juif, réveilla le tambour, qui demanda son eau sucrée. Le sergent assura la lui avoir donnée et prit chacun à témoin. J'assurai le tambour qu'en effet il l'avait bue, mais qu'il avait dormi depuis.

A six heures du matin, il nous réveilla et proposa, à ceux qui avaient de l'argent, de partir en traîneau. Je me voyais donc sur le point d'être contraint de partir avec mes béquilles, lorsque je me rappelai que j'avais dans mon sac une paire de boucles d'oreilles, fort petites à la vérité, mais pleines et épaisses. Je proposai au juif de les lui vendre. Il eut l'infamie de m'en offrir trente sous.

Le jour commençait à paraître, et faute de place, le juif n'avait pu jusqu'alors monter en traîneau. Voyant qu'il fallait absolument me préparer à me mettre en marche, je lui fis encore une fois l'offre de mes boucles d'oreilles; mais il ne voulut point en donner davantage. Le paysan, témoin de nos débats, et d'autant plus indigné de la conduite du juif qu'il avait été, avec son épouse, spectateur de son trafic de la nuit, me dit de lui donner mes boucles d'oreilles et qu'il me conduirait, tandis que pour le sergent-major il pouvait partir à pied, et que, pour or ou argent, il n'y aurait point de place pour lui. L'aubergiste était en force, il craignit peu les menaces et le juif fut contraint de s'en aller à pied; ce qui, je pense, fut pour lui le parti le plus prudent qu'il eût à prendre.

Me voilà donc embarqué de nouveau. A deux lieues environ avant d'arriver à Kœnisberg, nous aperçûmes une colonne de soldats français qui marchait comme pour soutenir la retraite. Cette vue fit de nouveau pénétrer dans notre âme la joie et l'espérance. Mais, arrivés près de cette colonne, nous la trouvâmes composée de ces jeunes soldats sans expérience, et qui croient que tout doit s'éclipser devant eux. Nous voyant en traîneau et nous prenant peut-être pour des fuyards, ils nous injurièrent, et l'un de leurs officiers eut l'infamie de venir donner un soufflet à un officier blessé, qui se trouvait avec nous dans le traîneau. Nous fûmes indignés de sa conduite, et notre indignation fut même partagée par ceux qui composaient le peloton que commandait cet officier; mais il fallut dévorer en silence l'injure qui nous était faite. Arrivé à Kœnisberg, je marchai bientôt seul, car les autres, qui pouvaient aller beaucoup plus vite, ne tardèrent point à s'éloigner. Arrivé sur la place, j'y vis des marchands de riz et de vermicel cuits, comme on en voit à Paris dans le quartier des halles ; mais il fallait deux dictes pour en avoir. Je me contentai donc de dévorer des yeux, puis je me dirigeai avec beaucoup de difficulté vers l'hôpital, les habitans ayant autant de peine à m'entendre que j'en avais moi-même à les comprendre. Enfin j'y parvins, mais il n'y avait plus de place et harassé de fatigue, je fus réduit à m'asseoir à la porte. Ma position toucha tout le monde, on se récria sur l'infamie qu'il y avait à ne point m'admettre, et enfin, on vint m'enlever et me porter, à demi mort, dans l'une des salles. J'y fus sans connaissance toute la nuit. Le lendemain, étant un peu réchauffé, on me fit prendre du bouillon. On m'avait placé entre un sergent et un caporal qui s'étaient bien aperçus, par le numéro que je portais, que je devais être du régiment dont ils faisaient partie, mais j'étais tellement défiguré qu'ils ne purent me reconnaître. S'étant donc approchés de moi, ils furent surpris de retrouver, dans l'état où j'étais, l'ex-fourrier de la troisième compagnie des voltigeurs. Ils s'empressèrent d'abord de me prodiguer tous les soins qu'exigeait ma cruelle situation, et m'adressèrent ensuite une foule de questions sur ce qui se passait, ou plutôt sur ce qui s'était passé. Je leur appris le désastre de l'armée et je les assurai que, s'ils voulaient éviter d'être faits prisonniers, ils feraient bien de partir au plus tôt, puisqu'ils pouvaient marcher, et qu'avant trois jours les Russes seraient à Kœnisberg. Mes avis furent loin d'être goûtés; mes deux camarades les considérèrent comme le résultat d'une terreur panique, et voyant qu'ils n'étaient point disposés à me croire, je les laissai dans leur sécurité, toute fausse qu'elle était. Cependant ils ne tardèrent point à s'apercevoir que je leur avais donné de bons conseils, car dès le soir, leur inquiétude fut au comble lorsqu'ils virent que les médecins français ne se présentaient plus au pansement. Ce fut encore pis quand, le lendemain matin, on vit des médecins prussiens faire la visite.

Je me sentais assez bien; mais un jeune élève en chirurgie, âgé d'au plus quinze ans, vint pour me panser. Il enleva brusquement la compresse de mon pied gelé, et m'arracha ainsi les chairs et plusieurs phalanges des doigts. La douleur qu'il me causa fut si violente, que je ne pus m'empêcher de lui lancer à la tête une gamelle de fer-blanc qui se trouvait à ma portée. Je ne l'attrapai point; mais il s'emporta à son tour, me fit des menaces, et fut chercher des infirmiers pour me faire mettre au cachot. Me sentant assez de force pour sortir de l'hôpital, et mu d'ailleurs par l'espoir d'entrer dans un autre, je m'habillai et je partis; mes amis m'ayant donné une vingtaine de sous.

A peine étais-je arrivé dans la ville, que j'entendis de tous côtés, les bourgeois annoncer l'entrée des Russes. Ayant pris des informations sur le chemin que j'avais à suivre, je sortis de la ville en m'acheminant vers une ambulance qui m'avait été indiquée. Je vis alors venir à moi un maréchal-des-logis de dragons, il était nu-tête, et me dit : « Courage, sergent! tâchez d'avancer, car les Russes sont entrés dans Kœnisberg, et j'ai failli être fait prisonnier. » Après ces paroles, il me donna sa gourde pour boire un coup, et disparut comme un éclair.

Le régiment en retraite avait beaucoup d'avance sur moi; mais je ne tardai point à voir arriver derrière moi d'autres corps et beaucoup d'artillerie; la route en était encombrée, et je reconnus bientôt que ces divers corps étaient presque tous des Polonais. La nuit s'avançait, lorsqu'un brave soldat du train polonais descendit de son fourgon, m'y fit monter, me présenta sa gaspodine pour me couvrir, monta sur un cheval, et nous fit partir au galop. Mon courage ébranlé se raffermit tout à coup par l'espoir que je conçus d'échapper aux Russes. Une batterie se rangea en bataille sur une hauteur, ce qui me persuada qu'il y allait avoir une affaire qui arrêterait les Russes, au moins pendant quelque temps.

Nous continuâmes notre route, et nous fûmes nous mettre en bataille dans la plaine. Ce fut à ce moment qu'il me fallut descendre, ou plutôt, me jeter à bas du caisson et l'abandonner. J'ai toujours ignoré le motif qui avait porté le maréchal-des-logis à exiger que je le quittasse; mais je fus toujours persuadé qu'il avait dû être impérieux ; car ce brave Polonais aurait désiré de tout son cœur pouvoir me garder plus long-temps.

Ayant retrouvé mes béquilles et à demi mort de froid, je regagnai le bord de la route. Il était déjà tard, lorsque j'aperçus une maison ouverte, où j'entrai en demandant à me réchauffer. Il n'y avait aucun soldat, et je pris place à terre près du lit qui était dans la salle. Plusieurs soldats du train arrivèrent bientôt, et ne parurent pas même s'apercevoir que j'étais là. Ils se mirent à manger un poulet. De mon côté, mon repas fut moins somptueux, il se composa de quelques pommes de terre que je donnai à la maîtresse de la maison, en la priant de les faire cuire. Elle me fit signe de ne rien dire. J'en offris quelques-unes aux mangeurs de poulet, qui s'étaient récriés sur mon bonheur ; mais, principalement, dans le but de leur faire sentir le tort qu'ils avaient eu de ne pas même faire attention à un pauvre camarade blessé.

Sur les quatre heures du matin, les soldats du train partirent du logement. Je me mis également en route ; mais sur les sept ou huit heures, la faiblesse que j'éprouvais ne me permit plus de me porter, et je tombai expirant sur la route. On passait près de moi sans me porter aucun secours, quand, au bout de quelque temps, mon bon ami le fourrier de la troisième compagnie des carabiniers, Bouillard, passa près de moi, et ayant aperçu le numéro du régiment, il leva mon manteau brûlé : j'ouvris les yeux, et l'ayant reconnu, je lui fis signe de s'approcher, car il ne me remettait pas, et je ne pouvais me faire entendre que de très près. Je lui dis mon nom, il se précipita sur moi, m'embrassa, me donna un peu de schnap, me mit un écu de six francs dans ma poche, et me couvrit d'une capotte neuve, car dans la petite ville d'où j'étais parti le matin, on avait ouvert les magasins, et tous les soldats avaient pris des vêtemens. La vue de cet ami, le schnap que j'avais bu, me dés-engourdirent un peu. J'essayai de me relever, il vint plusieurs soldats qui m'aidèrent, car mon sauveur Bouillard, ayant vu que je ne faisais aucun mouvement, après qu'il m'eut donné ce dont il pouvait disposer, continua sa route. Nous avions été blessés ensemble, il était venu à Wilna, mais sa blessure étant à la main, il avait pu être évacué jusqu'à Kœnisberg, où il resta pour se guérir, et d'où il ne partit qu'au moment où les Russes y entrèrent. Je ne le revis plus qu'un jour à Paris en 1818. Étant allé prendre des bains de vapeur contre des douleurs, je reconnus le capitaine Berniquet, du régiment, auquel je me fis connaître avec d'autant plus de peine que j'avais été, me dit-il, porté comme mort sur les contrôles du régiment. Il me dit qu'il connaissait à Paris une personne qui lui parlait souvent de moi, et qui serait bien contente et bien surprise de me revoir. L'ayant prié de me dire qui elle était, il me nomma Bouillard. La joie que je ressentis m'empêcha presque de le croire;

et j'en doutais d'autant plus que je savais qu'il était des Ardennes. Le capitaine me persuada; et m'apprit que Bouillard s'était établi à Paris, rue Richelieu, près le passage Feydeau. Je m'y rendis le soir même : il était prévenu par le capitaine; mais il ne pouvait revenir de son étonnement. Nous passâmes la soirée chez lui. J'étais l'objet des regards de la société qui s'y trouvait réunie, son épouse, surtout, à laquelle il avait souvent parlé de moi avec tout l'intérêt que doivent se porter de vieux amis et de vieux camarades d'infortune, me fixait comme si elle eût cru que je n'étais qu'une ombre. Je l'engageai à venir me voir, ce qu'il fit le lendemain; mais je n'eus pas long-temps le bonheur d'être à même de le revoir; car quelque temps après, il vendit son fonds et se retira au sein de sa famille.

Je marchais, mais si lentement, que, comme je l'ai déjà dit, je ne pouvais faire plus d'une lieue en trois heures, et avec d'autant plus de peine, que l'artillerie encombrait la route. J'arrivai pourtant au bivouac des français; je me reposai un peu, et je trouvai quelques secours parmi les braves qui m'admirent à leur bivouac, et me donnèrent quelques vivres, qui me firent, à la vérité, plus de

mal que de bien, car c'était du porc sauvage à
moitié cuit. Je faillis mourir un moment après en
avoir mangé, et je fus obligé de me retirer du
bivouac, car par mes plaintes, j'empêchais mes
plus proches voisins de dormir. Voulant gagner
un peu d'avance sur l'artillerie, je me remis en
marche vers les quatre heures du matin. Je n'avais
pas besoin de guide, la route étant tracée par
ceux qui l'avaient parcourue. A huit heures environ, les Français défilèrent devant moi; je me
trouvai donc encore une fois entre l'arrière-garde
française et l'avant-garde russe, qui ne faisaient
aucune attention à moi.

Je vis arriver un ancien capitaine que la fatigue
et soixante ans au moins, empêchaient de marcher plus vite que moi. A mon tour, je l'exhortai
à prendre courage. Il nous dirigea par une route
de traverse, et nous arrivâmes à une maison dans
laquelle il ne se trouvait personne, mais dont les
habitans n'étaient pas loin. Nous fûmes les prier
de nous procurer un abri et un peu de feu, leur
offrant de payer leurs soins. Ils se rendirent à nos
désirs, et le capitaine s'approcha tellement du
feu, qu'après dix minutes au plus, il tomba raide
mort. Chacun de ceux qui étaient près de lui le

dépouillèrent de ce qu'il possédait, et je vis prendre sa ceinture qui contenait un certain nombre de pièces d'or. Je ne pus supporter ce spectacle et je me retirai. Après avoir fait une lieue, je rejoignis la grande route, mais alors les forces et le courage me manquèrent et, après avoir marché quelques instants, je fus me mettre dans un fossé, c'était là que je devais mourir.

Je ne sais combien de temps s'était écoulé depuis que j'y étais, lorsque des fourgons passèrent près de moi. Ayant été aperçu par un des fourriers qui les conduisaient, il vint à moi, et voyant que je respirais encore, il me fit mettre dans un fourgon où je restai long-temps sans connaissance, placé sur un tonneau. Enfin, j'entendis prononcer ces mots : « Eh bien! le sergent, comment va-t-il? » Un sergent et un cuisinier du prince Murat répondirent qu'ils ne savaient pas si c'était un sergent que l'on avait pris. Il paraît que lorsque l'on me plaça dans le fourgon, il faisait presque nuit, et que n'ayant fait aucun mouvement, ils crurent que c'était un sac et non un homme que l'on avait ramassé. Ils vinrent alors me relever et s'empressèrent de me prodiguer des secours, et je revins un peu à moi.

Le jour parut, on avait marché toute la nuit; mais ces fourgons, arrivés à Elbingue, reçurent l'ordre de rétrograder, et de prendre des vivres pour porter aux troupes. Je fus donc de nouveau abandonné au hasard avec deux camarades. Le sergent qui pouvait marcher ne tarda point à nous quitter, et je restai avec le cuisinier, qui avait les pieds légèrement gelés, mais qui n'avait que peu de courage. Nous entrâmes dans une auberge, où nous bûmes un peu de bière chaude.

Comme nous étions passés devant la poissonnerie, cela donna envie au cuisinier de manger un brochet au bleu. Il me confia son projet, mais il ne pouvait aller chercher lui-même le poisson qu'il lui fallait, il me proposa donc d'y aller et me donna cinq francs. Je fus acheter ce poisson; mais à peine étais-je arrivé que, tout à coup, derrière moi, j'entendis jeter des cris par un enfant d'environ treize ans, qui, patinant sur le bassin, était tombé dans un creux. Il se rattrapait à la glace, mais la glace n'étant pas assez forte rompait constamment sous sa main. Personne n'osait aller à son secours. Je me mis à genoux, et avec une béquille que je lui tendis, il parvint à se retirer. Je ne tardai pas à être entouré de bourgeois qui me conduisirent dans un café qui était presque en face ; là, ils me firent boire du punch, et m'offrirent quelque peu d'argent, que je n'osai point recevoir.

Je revins trouver mon cuisinier, auquel j'apportai le brochet, et qui me reprocha assez durement d'avoir employé beaucoup plus de temps qu'il ne m'en fallait. Je n'eus pas la peine de lui expliquer le motif de mon retard, puisque, dans l'auberge, chacun racontait ce qui venait de se passer ; je me contentai donc de lui dire que c'était moi qui venais de sauver l'enfant dont on parlait. Cela me valut beaucoup de complimens et de félicitations de la part des personnes présentes à l'auberge.

Le cuisinier ne se sentant pas en état d'accommoder lui-même son brochet, le donna à l'aubergiste, qui le fit cuire. Nous en mangeâmes un peu, mais il nous incommoda tellement que nous fûmes obligés de partir de suite, pour avoir un billet d'hôpital ou de logement.

Arrivé au bureau où l'on expédiait les billets, il fallait pour y pénétrer monter un perron ; je n'eus pas la force de le faire et la foule m'entraînant, je tombai du haut en bas. Ne donnant plus aucun signe de vie, on me laissa pour mort. Long-temps après, le son de la musique et le bruit du tambour frappèrent mes oreilles, et je me réveillai avec assez de force, pour arriver jusqu'à la troupe que le prince Murat passait en revue à ce moment.

La nuit avançait et je me dirigeais vers le faubourg qui conduisait à Marienbourg, lorsqu'un bourgeois qui passait me reconnut pour celui qui avait sauvé l'enfant. Il m'invita à le suivre et me conduisit sur la gauche dans une maison, un peu écartée de la route, où il me recommanda, après avoir payé généreusement les soins qu'il exigeait qu'on eût de moi.

J'étais seul alors, mais la salle où je me trouvais ne tarda pas à être encombrée de monde. Je souffrais cruellement de mon pied, j'essayai à faire mon pansement, mais à peine en avais-je retiré la compresse qu'il s'en exhala une odeur si insupportable, que tout le monde fut obligé de sortir; moi-même, j'en fus incommodé. Les nouveaux venus voulaient me renvoyer, mais mon hôte s'y opposa formellement. Il fit des fumigations de vinaigre et chacun rentra. Le lendemain matin des paysans arrivèrent et demandèrent quels étaient ceux qui voulaient partir en traîneau pour Marienbourg, moyennant dix francs. Je restais seul,

quand l'hôte engagea un paysan à m'enmcner et lui
apprit quelle personne m'avait amené et pour quel
motif elle avait pris intérêt à moi. Il fut alors
convenu que je donnerais, en paiement, la capotte
que mon ami Bouillard m'avait donnée, lorsque je
serais arrivé à Marienbourg.

Je n'avais plus mon manteau, mais l'espoir
qu'une fois à Marienbourg je trouverais des secours, me fit consentir à tout et je m'embarquai
sur la Vistule. Lorsque nous fûmes arrivés, je trouvai des camarades du régiment et j'eus le bonheur d'être logé avec un nommé Hédouart, ex-
fourrier, qui me conduisit dans le logement où il
était avec beaucoup d'autres. Ils ne tardèrent pas
à se repentir de leur complaisance, car je ne faisais
que me plaindre et je les empêchais de dormir.

Il me tardait de voir venir le jour; enfin, l'instant
de l'appel arriva. Je descendis voir mes anciens camarades, dont le nombre formait à peine un faible
bataillon, confié au commandant David, qui nous
fit brusquement retirer en nous traitant impitoya-
blement.

Je me retirai et fus pour entrer à l'hôpital, mais
les escaliers étant couverts de morts et de mourans, je ne pus monter et je m'y reposai quelque

temps. Dans cette cruelle position, je vis arriver mon ami Hédouart, qui demandait après moi et qui m'annonça que le waguemestre avait des lettres à me remettre. A cette nouvelle, je me sentis renaître; je fus plein de l'idée que j'allais recevoir des nouvelles de mes parens de Paris. Il était allé à la manutention, je m'y rendis et j'y appris la triste nouvelle qu'il était parti pour rejoindre son ambulance, qui était à une lieue du régiment. Je me mis de suite en marche comme si je pouvais faire une longue route. On battit la générale, je traversai la Vistule. Alors le commandant Gérard arriva avec un traîneau et deux chevaux. En voyant mon numéro, il s'approcha de moi : je lui dis qui j'étais et il se le rappella, quoiqu'il eût quitté la compagnie après la campagne d'Autriche, pour aller auprès de son oncle, qui était le colonel du régiment, et qui passait alors général. Touché de l'état dans lequel il me voyait, il me fit entrer dans son traîneau et me conduisit à deux lieues de Tirchos, où ses chevaux ne pouvant plus aller, il se vit avec peine obligé de me faire descendre.

Je marchais à pied depuis quelque temps, quand je rencontrai les bagages de l'Empereur. Un doméstique me plaça derrière et m'ayant conduit près de Tirchos, on me fit descendre pour y loger et me diriger le lendemain sur Dantzick, dont nous n'étions plus qu'à cinq ou six lieues de distance.

Nous nous étions logés du mieux qu'il nous fut possible lorsque la garde napolitaine arriva. Un certain nombre avait le logement où nous étions; ils nous en firent sortir à coups de crosse de fusil. Les bons paysans nous mirent environ une vingtaine dans un grenier. Le lendemain matin, tous les malheureux qui s'y trouvaient en étaient descendus, excepté moi, parce que je m'étais endormi fort avant dans la nuit. Un paysan étant monté, me réveilla et m'annonça que tous mes camarades étaient partis. Je voulus descendre, mais, lorsque je fus sur l'échelle, la force me manqua et je tombai. On vint me relever et me porter sur le seuil de la porte, où je me trouvai à côté du sergent Paintendre du 19ᵉ. Je le reconnus, quoiqu'il fût bien changé depuis son départ de Wilna, lors de l'évacuation de Kœnisberg. Il était blessé à la cuisse et, dans une rixe qu'il avait eue à Wilna, il avait reçu un coup d'épée au téton droit. Sa blessure était grave, mais il en guérit. Il était parti de Wilna dans la crainte de contracter la fièvre chaude qui y régnait, mais il ne put l'éviter et en fut atteint à Kowno. Je lui fis signe de s'approcher, et je lui dis son nom. Il fut d'abord surpris d'avoir affaire à quelqu'un de connaissance; mais lui ayant appris qui j'étais, il témoigna le plus grand plaisir. Il me conseilla de partir pour Dantzick m'assurant qu'il ferait tout son possible, pour m'aider, et qu'il le pouvait d'autant mieux, qu'il venait de recevoir cinquante francs d'une collecte qu'on avait faite pour lui au régiment, et que, s'il trouvait une voiture, nous monterions dedans.

Nous partîmes donc ensemble, mais peu de temps après, ayant aperçu les Cosaques sur la Vistule, il prit l'avance et me quitta, d'après mon conseil.

Je vis passer une compagnie de Napolitains, qui venaient de Dantzick, apportant des vivres pour les distribuer au passage des troupes qui continuaient leur marche. Il y avait dans cette compagnie des soldats blessés, qui ne pouvaient plus marcher. Le lieutenant qui commandait vit arriver en plaine une voiture, et fit comprendre au conducteur de se diriger vers lui; mais celui-ci tourna bride. Le lieutenant ayant donné l'ordre de tirer dessus, le paysan se décida à venir. Ce temps de halte me permit d'approcher, mais la voiture était déjà pleine de soldats. Cet officier en fit descendre un qui n'était pas malade et me mit à côté de lui dans la voiture. La compagnie qui nous suivait eut à se défendre contre les Cosaques, qui bordaient la Vistule; mais à deux lieues nous nous arrêtâmes et attendîmes la compagnie.

Je ne tardai pas à rattraper Paintendre, qui pria le lieutenant de le laisser monter, mais il lui fut impossible d'obtenir ce qu'il demandait, car il n'y avait aucune place et le lieutenant lui dit que, ma position seule, avait pu le déterminer à faire descendre de la voiture un de ses soldats pour m'y placer. Paintendre saisit alors le derrière de la voiture et courut ainsi l'espace d'un quart d'heure.

Le lieutenant eut pour moi les soins les plus attentifs. Nous arrivâmes à Dantzick le soir, 12 janvier 1813. Je fus au bureau de la place; il n'y avait point de secrétaire pour nous faire des billets d'entrée à l'hôpital. Le commandant étant arrivé, donna l'ordre que ceux qui savaient écrire se missent à faire des billets. Le bureau s'encombrait de plus en plus : alors je fis un grand nombre de billets, mais bientôt, je me trouvai mal. On fut l'annoncer au commandant, qui me fit lui-même un billet pour la mairie, et m'y fit conduire, après m'avoir fait donner un peu de vin avec du sucre. On me donna un billet de logement. Les personnes chez lesquelles j'étais s'empressèrent, à mon arrivée, de me prodiguer tous les soins qu'exigeait ma position. On me bassina un lit, où l'on me plaça , et je pansai mon pied. Ce pansement eut pour résultat le même accident qu'à Elbingue ; je répandis une odeur horrible. Après avoir fait des fumigations de genièvre et de vinaigre, on me donna une soupe légère et je m'endormis. Le lendemain le domestique qui avait assisté à mon pansement était malade et retenu dans son lit. Je crus que son indisposition pouvait être due à la mauvaise odeur qu'il avait respirée la veille. Je confiai au maître de la maison le désir que j'avais d'aller à l'hôpital, ce qui le satisfit, bien qu'il me dît que c'était à regret qu'il me laissait partir, mais que ma position demandait des soins qu'il ne pouvait me donner. Il fut me chercher un billet pour l'hôpital nº 1, où je fus mis dans la salle des blessés, seul dans un lit.

Le lendemain les malades étant arrivés en foule, on fut obligé de les coucher deux dans chaque lit ; cependant je restai seul dans le mien. Le chirurgien Philippe, plein de bonté pour moi, l'avait exigé par égard pour ma position.

Le 26, un des mes amis d'enfance, Collet, sergent d'ambulance arriva. Il était atteint de l'épidémie qui commençait son ravage. Mon lit était placé à l'autre extrémité de la salle, vis-à-vis la porte d'entrée, et du plus loin que je pus distinguer ce vieux camarade, je lui fis signe de se diriger vers moi. Il cherchait partout une place. Étant arrivé près de mon lit, je lui fis comprendre de s'approcher davantage, afin que je pusse me faire entendre. Je le nommai par son nom; mais ne pouvant me reconnaître, il me pressait de lui dire qui j'étais, et cédant à son désir, je me nommai. Il ne pouvait me croire, car étant parti de Paris quelques années après moi, ma mère l'avait chargé de m'embrasser, si le hasard favorisait un jour notre rencontre. Mais quelle fut triste et cruelle dans l'état où nous étions! Je lui offris une place à côté de moi, car il n'y en avait plus que par terre.

Le lendemain le chirurgien voyant mon ami à côté de moi, le fit descendre de suite, et m'adressa des reproches sur mon imprudence, en me disant de me préparer, parce que sur le soir on allait évacuer les blessés. Je vis ainsi arriver avec peine le moment de me séparer de mon véritable ami, qui, avant de me quitter, me fit accepter la moitié de ce qu'il possédait, environ vingt sous.

On nous fit descendre ensuite pour nous placer dans une voiture qui, soit par suite de la négligence du conducteur, soit par tout autre motif, se renversa en arrière, et ne put nous conduire qu'à une portée de fusil d'où nous étions partis, le cheval n'ayant point de sous-ventrière. Nous fûmes ainsi renversés les uns sur les autres, et plusieurs d'entre nous ne purent retenir les cris que leur arrachait la douleur.

Je repris mes béquilles, et me dirigeai seul vers l'hôpital n° 5. Mais, comme l'accident que nous venions d'éprouver m'avait singulièrement fatigué, j'entrai chez un détaillant, où je demandai pour un sou de schnap. L'état de faiblesse dans lequel j'étais le fit d'abord refuser, mais me voyant tomber en défaillance, il céda à mes prières, et donna l'ordre à son garçon de me conduire jusqu'à l'hôpital.

Je fus parfaitement bien accueilli, tous les soins me furent prodigués, et je trouvai là du pain, du vin et de la viande à ma disposition ; mais il m'était impossible d'en faire usage.

Je dormis toute la nuit, et ne me réveillai que le lendemain au matin, surpris de voir la salle, où la veille j'étais seul, encombrée d'une telle quantité de malades qu'on avait été forcé d'en mettre, partout, deux dans un lit. Cependant, comme à l'hôpital n° 1, je restai seul dans le mien, parce que j'étais le plus anciennement admis.

Les infirmiers étant constamment occupés à recevoir les malades et à descendre les morts, quand ils étaient assez heureux pour ne pas prendre eux-mêmes le lit et mourir presque immédiatement, je m'habillai, et voulus descendre pour chercher du bouillon aux pauvres blessés comme moi. Je fus victime de ma bonne intention, parce que n'ayant pas eu le temps de construire un escalier, on en avait placé un provisoire, dont la rapidité fut cause que je glissai et tombai jusqu'au bas.

C'était, comme on a pu le remarquer, la troisième fois que cet accident m'arrivait. On vint me relever et l'on me transporta dans mon lit, où je me trouvai dans un état inquiétant. Cependant, au bout de quelques jours, grâce aux soins de

M. Philippe, chirurgien-major, ainsi qu'à ceux de l'infirmier-major, je fus rétabli de ma chute.

Je m'occupais dans la nuit à faire des billets pour les arrivans, car ils montaient dans la salle sans s'être présentés au bureau d'admission, soit parce qu'ils en voyaient trop attendre leur tour, soit parce que les employés, tombant malades comme les autres, finissaient par manquer. J'ai vu, dans la première salle, plus de vingt infirmiers, mourir en moins de trois semaines.

J'avais proposé un moyen de constater le décès des soldats qui entraient à l'hôpital, mais il devint impraticable, parce que, pendant la nuit, le délire s'emparant de ces malheureux, ils quittaient leur lit et allaient mourir dans celui d'un autre.

Malgré que la plus grande partie de ceux qui étaient entrés en même temps que moi, depuis trois jours, fussent morts, on avait cependant été forcé de mettre jusqu'à trois malades dans le même lit, tant le nombre s'en était accru.

L'épidémie, ou typhus, qui moissonnait presque toute l'armée, exerça de si grands ravages que, dans l'hôpital où j'étais trois à quatre cents malades périssaient souvent dans les vingt-quatre heures. Nous nous trouvions dans la même salle cinq à six resistant à l'action de la maladie. Nous aidions à descendre les morts, et nous étions tellement habitués à remplir ce triste devoir, même envers nos meilleurs amis, que nous paraissions le faire machinalement, lorsque par malheur, on transporta dans la salle la veuve d'un capitaine, atteinte de cette horrible maladie. On la plaça dans un lit à côté de ceux qui n'avaient point encore éprouvé les effets du typhus. Cette circonstance donna lieu à quelques plaisanteries : ainsi, nous conseillâmes à ses voisins de prendre garde à eux, en leur disant que cette femme irait coucher avec eux dans la nuit. En effet, vers minuit, le délire s'étant manifesté chez elle, elle alla se coucher près du caporal, qui s'éveilla épouvanté, ainsi que son camarade. On la remit dans son lit, et au bout de deux heures elle expira. Le lendemain, à sept heures du matin, voyant que le caporal et son camarade ne se levaient pas, nous supposâmes qu'ils voulaient se reposer du dérangement de la nuit passée. Après avoir plaisanté encore quelque temps sur leur compte, nous invitâmes les infirmiers à les éveiller; mais nous fûmes péniblement surpris d'entendre le caporal répondre qu'on le laissât tranquille, et de voir que son camarade pouvait à peine parler. A neuf heures du matin, ce dernier mourut et le caporal ne tarda pas à le suivre.

Touchés de ce malheur, nous étions à le déplorer quand un sergent, qui se trouvait à côté de moi, me dit qu'il attendait son billet de sortie de l'hôpital. Il fut déjeuner avec ses camarades et revint prendre son billet et nous faire ses adieux. Mais à peine était-il arrivé, qu'il fut pris, tout à coup, de l'estomac et se plaignit d'éprouver de la difficulté à respirer. Il se jeta tout habillé sur son lit et mourut au bout de deux heures.

Ce fut à ce moment que MM. Puzos, directeur, et Mamour, premier employé, montèrent dans la salle et demandèrent si quelqu'un pouvait descendre au bureau. L'infirmier-major ayant répondu que je faisais les billets d'entrée, ces messieurs vinrent à mon lit et m'engagèrent à descendre les aider. J'y consentis dans l'intérêt de tous.

Au bout de huit jours, quoique rien ne me manquât, je ne pus résister davantage à l'épidémie et j'en fus atteint à mon tour. Je passai sept à huit jours avec le délire et presque point de connaissance, quand mon ami Collet vint à mon lit et ne put retenir ses larmes en me voyant dans l'état où j'étais. Sa parole me fit un instant revenir à moi;

je l'embrassai et le chargeai de mes derniers adieux pour Paris.

Le quinzième jour je revins comme d'un long sommeil, priant M. Philippe de ne plus me donner d'une potion contenant de l'opium, et qui m'endormait, lui disais-je. Il conçut l'espoir de me sauver encore. Aussitôt les bouillons, le vin, les cordiaux, les amers, les juleps, tout fut employé et je me rétablis assez bien pour être transporté dans un bureau, où je couchai et où je fus chargé de la comptabilité.

Pendant quelque temps, le bon M. Puzos me faisait partager son dîner et me donnait du vin propre à restaurer mon estomac. L'infirmier-major, dans le même but, m'apportait, tous les matins, une petite bouteille d'une liqueur de Dantzick dont j'ignore le nom, mais dont je fus à même d'apprécier les vertus par le bon effet que le peu que j'en buvais produisait sur mon estomac.

Mon pied allait de mieux en mieux et sa blessure se cicatrisait. Je n'avais plus qu'à reprendre des forces. Je sortis donc pour me promener un peu dans la ville et voir la garnison qui prenait les armes. Je fus assez heureux pour rencontrer mon ami Fargue, adjudant-sous-officier, que je n'avais pas revu depuis 1810, époque à laquelle il était en garnison à Aix-la-Chapelle. Il eut de la peine à me reconnaître, tant j'étais changé.

Le 30 juin 1813, me trouvant assez fort pour entrer au dépôt des isolés à Dantzick, je demandai ma sortie de l'hôpital. Comme je ne pouvais marcher qu'à l'aide d'une crosse, je faisais le service intérieur de la ville. Je regrettais d'autant plus de n'avoir point assez de force pour combattre l'ennemi, et chercher une mort glorieuse, que dans la ville, on courait autant de dangers, en raison du grand nombre de bombes et de boulets qui y tombaient. C'était mourir sans se défendre.

Je demandai à être incorporé dans un régiment, car du 26ᵉ, il ne restait plus, avec moi, qu'un chasseur et le sergent-sapeur Gomondi, qui avait été fait prisonnier à Leipsick, et qui était parvenu à se sauver et à entrer dans Dantzick. Je fus incorporé au 2ᵉ léger, troisième compagnie.

Après un an de blocus, et Dantzick tombant au pouvoir de l'ennemi, il fallut capituler et les blessés durent rester prisonniers à Dantzick, d'où, trois mois après, ils partirent pour la France.

Arrivé à Lille, je reçus mon congé, sans autre

récompense qu'une somme de cent francs une fois payés.

De retour dans ma famille, je m'étais livré au travail, lorsqu'en 1815 j'appris le débarquement de l'Empereur. Mon cœur, brûlant du désir de reprendre les armes et de venger notre honneur si cruellement outragé, je me présentai au général Cambrone pour entrer, avec mon grade, dans les chasseurs de la garde, mais les cadres étaient remplis et je ne pus être admis.

Ce général m'ayant remis un mot d'écrit pour le colonel Leclerc, du 5e voltigeurs de la jeune garde, j'y fus incorporé, et ce régiment n'ayant point quitté Paris, je fus privé de partager, avec mes vieux frères d'armes, les périls et la gloire de Waterloo.

Licencié sur les bords de la Loire et rentré dans mes foyers, j'attends, sans le désirer, que la patrie réclame le secours des braves qui la défendirent tant de fois et qui versèrent et verseraient encore, pour elle, la dernière goutte de leur sang.

FIN.

www.ingramcontent.com/pod-product-compliance
Lightning Source LLC
Chambersburg PA
CBHW070016110426
42741CB00034B/1901